Helmar Dießner

Gruppendynamische Übungen und Spiele

Ein Praxishandbuch für Aus- und Weiterbildung sowie Supervision

Helmar Dießner

Gruppendynamische Übungen und Spiele

Ein Praxishandbuch für Aus- und Weiterbildung sowie Supervision

Junfermann Verlag · Paderborn

2. Aufl. 1998
Covergestaltung: Petra Friedrich, unter Verwendung eines Bildes von Helmar Dießner

Satz: adrupa Paderborn
Druck: PDC – Paderborner Druck Centrum

Die Deutsche Bibliothek – CIP-Einheitsaufnahme
Dießner, Helmar:
Gruppendynamische Übungen und Spiele: Ein Praxishandbuch für Aus- und Weiterbildung sowie Supervision/Helmar Dießner. – Paderborn: Junfermann, 1997
ISBN 3-87387-346-X

NE: GT

ISBN 3-87387-346-X

Inhalt

Kommunikation und Gruppenbildung

Vorwort

Obwohl es inzwischen eine unüberschaubare Anzahl von Publikationen im Bereich der angewandten Gruppendynamik[1] (s. Däumling, et al. 1974) gibt, möchte ich aus meinem Erfahrungshintergrund aus der Praxis für die Praxis eine modifizierte Auswahl sowie neu entwickelte Interaktionsübungen vorstellen, deren kommunikative und interaktionistische Sichtweise über ein hohes Maß an kreativen Anteilen verfügt. Deshalb wird der Leser in diesem Buch keine theoretischen Ergüsse vorfinden, sondern nur eine kurze theoretische Einführung.

Die Auseinandersetzung mit diesem Thema fand erstmalig in meinem ersten Studium statt, als ich mit meinem Lehrer, Prof. Gerhard Liebetrau, und einigen Kommilitonen innerhalb der Hochschule Selbsterfahrungsgruppen über den Zeitraum von zwei Semestern durchführte.

Im Laufe jahrzehntelanger therapeutischer Arbeit mit Kindern, Jugendlichen, Studenten sowie Fortbildungsteilnehmern und Supervisionsteilnehmern aus der psycho-sozialen Szene habe ich mit Groß- und Kleingruppen gearbeitet. Die vorgestellten Übungen wurden in vielen Gruppen unterschiedlichster Zusammensetzung – aber auch Zielsetzung – erprobt, so daß Multiplikatoren kreativitätsfördernde Kommunikation und Interaktion, d.h. Interaktions- und Lernprozesse phasisch selbst erlebt haben.

In diesem Verlauf fand eine Auseinandersetzung mit Konflikten, Rollen[2] und Leistungsstilen statt, die zu einer Aktivierung der Selbst- und Fremdwahrnehmung der Teilnehmer führten. Folgerichtig wurde somit die Entwicklung und Erweiterung der Sensibilität, das Erkennen des eigenen Selbst und das Selbst der anderen zu einer erfahrbaren Größe.

Dabei stehen immer wieder neben dem therapeutischen, kommunikativen Wahrnehmungsprozeß kreative Aspekte als Handlungsgrundlage zur Disposition. Klosinski formuliert zum Abschnitt „Bemerkungen zum kreativen Aspekt des Spiels“, was Spielen auch heißt: „... sich die Welt entwerfen. Im Spielen lernt der Mensch nicht nur Funktionen, Fähigkeiten, Eigenschaften und Leistungen, sondern er lernt und lebt das Menschsein“ (Klosinski in: Leutz 1981, S. 167).

---

1 Der Begriff angewandte Gruppendynamik steht für eine Vielzahl gruppendynamischer Verfahren.

2 Rollenträger werden bei Jutta Malcher auf humoristische Weise sehr eindrucksvoll dargestellt (Malcher 1980, S. 71ff).

Bei der Anwendung der nachfolgenden Übungen möchte ich allen Trainern Mut machen, dargestellte Inhalte bei Bedarf zu verändern, so daß die Inhalte auf die Bedürfnisse der Teilnehmer ausgerichtet sind. In der Praxis stellen wir oftmals fest, daß die besten Übungen die sind, die sich aus der Situation heraus entwickeln oder die eine Situation erfordern, z.B. Stegreifspiele, Rollenspiele ... Das erfordert jedoch zunächst einen Erfahrungshintergrund, wie auch ein hohes Maß an Kreativität und Flexibilität des Trainers oder Therapeuten!

Im Weiter- und Fortbildungsbereich sowie im Rahmen von Supervision von Lehrern, Psychologen, Sozialarbeitern, Sozial- und Heilpädagogen, Erziehern, auch kompletten Arbeitsgruppen, war das Bedürfnis groß, Selbst- und Fremdwahrnehmung, Kommunikationsprozesse und deren Strukturen sowie Verarbeitungsprozesse kennenzulernen.

Sämtliche Übungen lassen sich nicht nur mit erwähnten Berufsgruppen durchführen, sondern sind ebenso für Ärzte, Wirtschaftswissenschaftler, Soziologen etc. geeignet.

Gruppendynamische Sitzungen laufen je nach Programmausschreibung oder Arbeitsauftrag in Blockveranstaltungen oder in kontinuierlichen Sequenzen bzw. Sitzungen ab. Team-/Supervisionssitzungen, Arbeits-, Fortbildungs- und Weiterbildungsgruppen, Hochschulseminare, d.h. Menschen, die an erwähnten Veranstaltungen mit Prozeßcharakter teilnehmen, treffen sich in der Regel 14tägig. Jede Sitzung sollte am gleichen Ort, stets zur gleichen Zeit und in einem zeitlichen Volumen von 2 bis 2,5 Stunden stattfinden. Die Veranstaltungsdauer insgesamt sollte sechs bis zwölf Sitzungen umfassen.

Hinweise zur Benutzung des Buches

Der Aufbau des Buches gestaltet sich unter sozialpsychologischen Aspekten, welche unter prozeßbedingten Entwicklungsabläufen einzelner Gruppenteilnehmer, wie auch der Gesamtgruppe zu betrachten sind.

Unter besonderer Berücksichtigung von Selbsterfahrungselementen gilt für sämtliche Übungen als Maxime die Selbst- und Fremdwahrnehmung innerhalb spezifischer Szenarien mit dem Ziel des Transfers.

Der Benutzer des Buches findet folgende zwei Grobkategorien vor: „Vorstellungs- und Kennenlernphase" und „Kommunikation und Gruppenbildung". Für beide Kategorien sind die Übungen so dargestellt, daß im weiteren Verlauf eine Steigerung oder Komplexität im Sinne von Akzeptanz, Toleranz, Empathie, Offenheit bzw. Vertrautheit entstehen kann.

Unter den eben erwähnten Grobkategorien sind die Grobziele wie auch Feinziele formuliert, die für die jeweilige Übung spezifischen Charakter haben.

Die Durchführung der Übung ist jeweils kurz beschrieben. Auch auf Modifikationsmöglichkeiten wird verwiesen. Die dargestellten Fragen für die Reflexionsphase sind für den Seminar-/Gruppenleiter als Hilfen gedacht, die er situationsspezifisch erweitern oder verändern soll.

Zum Abschluß einer Gruppensitzung sollte der Seminarleiter mit z.B. folgender Frage schließen: „Was werdet ihr tun, wenn ihr nach dem Seminar nach Hause geht?" Ebenso wenn die nächste Sitzung beginnt: „Gibt es Reste von der letzten Sitzung?"

Aus der Praxis heraus hat sich auch die Wiederholung als sinnvoll erwiesen, da der wiederholte Einsatz gleicher Interaktionsübungen innerhalb derselben Gruppe oftmals neue Erfahrungen und Einsichten geweckt hat, die während der ersten Übungseinheit noch nicht möglich waren.

Die Wirkung der dargestellten Übungen ist nicht zu unterschätzen, da sie ein hohes Maß an Kompetenz und Selbsterfahrung sowie Sensibilität an den Seminar- bzw. Übungsleiter oder Gruppendynamiker stellt. Dabei geht es in erster Linie um den Abbau von Angst, Provokation von Gefühlen und eine gesteuerte Entwicklung von dynamischen Prozessen.

Soweit es die Beschreibung einer Übung zuläßt, ist jeweils Raum für eigene Notizen gegeben.

Zu den Quellenangaben der Interaktionsspiele ist festzuhalten, daß die meisten Übungen aus dem Erfahrungsfeld des Autors niedergeschrieben wurden. Bei der Sichtung der Literatur ist jedoch festzustellen, daß sich zahlreiche Übungen in den verschiedensten Büchern wiederfinden, die jedoch z.T. modifiziert worden sind. Deshalb wurde im Literaturverzeichnis pauschal auf Quellenangaben ohne Nennung von Seitenzahlen verwiesen, aus denen die vorliegenden Übungen stammen.

Hamm, im April 1997
Helmar Dießner

Einleitung

Wie alle innovativen Erscheinungen, Phänomene oder Bewegungen kam auch die Gruppendynamik aus den USA und hielt ihren Einzug in Westeuropa. „Encounter Movement", was soviel wie Begegnungs-Bewegung heißt, hat ihre Wurzeln bereits in den existenzphilosophischen Arbeiten von z.B. Buber und Sartre.

So schreibt Buber:

„Nur die Anschauung des mir gegenüber welthaft Wesenden in seiner vollen Gegenwärtigkeit, zu der ich, selber als Gesamtperson gegenwärtig, mich in die Beziehung gesetzt habe, gibt mir die Welt wahrhaft als ganze und eine" (Buber 1962, S. 415).

Über den Entstehungszeitpunkt zum Begriff der Gruppendynamik gibt es unterschiedliche Aussagen. Einige Autoren führen das Jahr 1939 an, andere hingegen erwähnen das Jahr 1944. Jedoch wird bei allen Autoren deutlich, daß Gruppendynamik im ursprünglichen Sinn dem Forschungsgebiet Lewins und seiner Mitarbeiter zuzuschreiben ist. Die zeitgenössische Psychologie zeigt, daß Gruppendynamik am engsten mit der Feldtheorie verknüpft ist.

Lewin, der die Feldtheorie strukturiert und entwickelt hat, hatte Mitte der dreißiger Jahre an der Universität Iowa, später am Massachusetts Institute of Technology, der Gruppendynamik einen festen Standort in der akademischen Welt verschafft.

An dieser Stelle sei kurz auf die Feldtheorie Lewins hingewiesen:

„*Feldtheorie.* Diese Bezeichnung wurde dem theoretischen Ansatz gegeben, den Lewin entwickelte und leitet sich von seiner Grundthese ab, daß Verhalten das Produkt eines Feldes von interdependenten Determinanten ist (besser bekannt als Lebensraum oder sozialer Raum). Die strukturellen Eigenheiten dieses Feldes werden durch Elemente aus der mathematischen Topologie repräsentiert und die dynamischen Eigenheiten unter Hinzuziehung von Konzepten der psychologischen und sozialen Kräfte" (Douglas 1979, S. 27).

Die Entwicklung der Gruppendynamik im deutschsprachigen Raum entstand im Jahr 1963 durch Horkheimer und Brocher (vgl. Antons 1976, S. 11).

In der Zeitspanne von über fünfzig Jahren zeigten sich die verschiedensten Blüten und Auswüchse innerhalb der Gruppendynamik. Die Konturen im sozial- und verhaltenswissenschaftlichen Erfahrungsfeld verschwammen immer mehr, und somit war bald eine begriffliche und methodische Verwirrung entstanden. In der Literatur finden wir eine

Bandbreite von euphorischen Beschreibungen bis hin zu polemischen Mißbilligungen (vgl. Küchler 1979, S. 13f).

Inzwischen wurden seriöse Konzepte entwickelt, die im Bereich des Managements, der Politik wie auch in psychosozialen Fortbildungsinstitutionen zur Anwendung kommen. Parallel hierzu wurden Übungskonzepte in die Ausbildungsinhalte von Lehrern, Sozial- und Heilpädagogen sowie Sozialarbeitern etabliert (vgl. Rittelmeyer, Wartenberg 1975, S. 10ff).

Auseinandersetzung mit Formen und Problemen des interpersonalen Handelns

Kommunikatives Handeln im Lebenskontext von Individuen hat stets einen Inhalts- und Beziehungsaspekt. Verbale und nonverbale Kommunikation erlernen wir Individuen durch unsere Sozialisation. Diese ist ganzheitlich betrachtet abhängig von der funktionalen Verflechtung der Person mit ihrer Familie, ihrer Sippe, der sozialen Gruppe, der Kultur ... , die unsere Normen und Werte ausmachen.

Die persönliche Entwicklung des Individuums korrespondiert mit dem gesellschaftlichen Lebenszusammenhang (vgl. Dießner 1994). Dennoch ist kommunikatives Handeln individuell verschieden, die Art und Weise des Kommunizierens von der Persönlichkeitsstruktur eines Individuums abhängig. Zu den bereits beschriebenen Faktoren kommt die Selbst- und Fremdwahrnehmung, die stets subjektiv empfunden wird. Erst in der Kommunikation mit seinem Gegenüber wird das Gesprochene und das Erlebte zum Gegenstand gemeinsamer Betrachtung. Das Gegenüber kann somit zu einem Hilfs-Ich werden, das zuhört, bestätigt, korrigiert ...

Kommunikatives Verhalten zeichnet sich in sämtlichen Lebenssituationen, -prozessen, -verläufen in vielfältiger und variationsreicher Art innerhalb des menschlichen Lebens ab. Da in unserer Kultur die verbale Kommunikation absolute Priorität hat, wird infolgedessen der nonverbale Bereich vernachlässigt. Zu den Botschaften, die ich verbal sende, kommen meine rhetorischen Künste in der Wahl des Vokabulars, im Sprechtempo, in der Sprachmelodie, im Tonfall, in den Sprechpausen ...

Da wir als Individuen mit unserem Gegenüber in Interaktion treten, d.h. in einen wechselnden Ablauf von Informationen, werden Inhaltsaspekte auf verbaler Ebene, ebenso aber auch Beziehungsaspekte durch Mimik, Gestik und Körperhaltung auf nonverbaler Ebene mitgeteilt. So macht Watzlawick deutlich, daß „eine Geste oder Miene (mehr darüber aussagt), wie ein anderer über uns denkt, als hundert Worte" (Watzlawick et al. 1980, S. 63).

In solch eine kommunikative Schleife lassen sich beliebig viele Individuen einbeziehen, in deren Verlauf die Selbst- und Fremdwahrnehmung sensibilisiert werden kann. Als oberste Maxime gilt bei gruppendynamischen Übungen eine repressionsfreie Verständigung, die als Regulativ dient, um Macht- und Herrschaftsverhältnisse aus Arbeitsgruppen und Teams auszuschalten. Zudem werden individuelle Charakterzüge, Schwächen, Mangelerlebnisse, Trauer, Wut, Frust, Dysfunktionen, Freude ..., die im biographischen Kontext eines jeden Gruppenteilnehmers zu finden sind, beredet, diskutiert, bearbeitet (vgl. Rittelmeyer, Wartenberg 1975, S. 69f).

Jede Gruppe hat sich zunächst mehr oder weniger mit dem Problem auseinanderzusetzen, daß gewisse Vorbehalte untereinander bestehen, deren Formen, aber auch Angst und Mißtrauen und daraus resultierende Rituale wie Verdächtigungen, Unterstellungen, Vorurteile zu überwinden sind. Dabei hat der Aspekt der Selbst- und Fremdwahrnehmung einen immens hohen Stellenwert. In einer sich neu konstituierenden Gruppe prallen zunächst unterschiedliche Menschen- und Weltbilder mit ihren Normen und Wertvorstellungen aufeinander, welche sich auf dem Hintergrund von Lebensbiographien und Lebenskontexten manifestiert haben.

Ist jedoch die Bereitschaft zur Auseinandersetzung innerhalb der Gruppe vorhanden, so impliziert dieses die Möglichkeit einer neuen Sinneserfahrung (vgl. Meyer et al. 1974, S. 29f).

Durch Kommunikationsübungen gelingt es allmählich – d.h. durch das Beobachten anderer, wie Menschen mit ihren Konflikten, eigenen Unzulänglichkeiten bzw. persönlichen Problemen und Schwächen, ihren Rollenunsicherheiten und Ängsten, aber auch mit ihren Stärken umgehen –, ein adäquates Selbst- und Fremdbild zu entwickeln.

Durch die Häufigkeit von Interaktionen entsteht eine Vertrautheit der Gruppenmitglieder untereinander. Je vielfältiger und intensiver sich diese Kontakte gestalten, um so erheblicher ist ihr Einfluß auf die Gruppenatmosphäre. Dieses hat wiederum eine positive Auswirkung auf die Gruppenaktivitäten. Es entsteht ein „Wir-Gefühl“, welches das Gruppenklima bestimmt. Eine Gruppe, die über ein hohes „Wir-Gefühl“ verfügt, ist in der Lage, „Konflikte und Belastungen ohne ernsthaften Schaden und ohne Auseinanderfallen zu ertragen“ (Luft 1977, S. 39).

Regeln für Selbsterfahrungsgruppen

Durch das Zusammenwachsen einer Gruppe entsteht, wie bereits erwähnt, ein „Wir-Gefühl", d.h. wir gehören zusammen. Dieses Phänomen hat seine Bedeutung für alle Gruppen, die sich in bestimmten Abständen oder zu bestimmten Anlässen treffen, da sie oftmals ein gemeinsames Anliegen oder gar Ziel verfolgen.

Innerhalb der angewandten Gruppendynamik entsteht ebenso ein „Wir-Gefühl"; darüber hinaus gelten Kommunikationsregeln wie folgt:

„Ich spreche per Ich, nicht per Man, Wir oder Es.
Ich vermeide Verallgemeinerungen und Klischees.
Meine und deine Störungen haben Vorrgang.
Ich spreche nicht über andere Teilnehmer,
sondern ich rede sie direkt an.
Ich vermeide Seitengespräche.
Ich kann jederzeit Nein sagen.
Ich stelle keine Warum-Fragen.[3]
Was ich höre und sage, ist vertraulich.
Ich versuche, so aufrichtig wie möglich zu sprechen.
Ich versuche, so realistisch wie möglich zu sein.
Kontakt kommt vor Konsensus und Kooperation.
Ich versuche, möglichst gegenwärtig zu sein,
indem ich Kontakt zum Hier und Jetzt halte"[4] (Vopel 1980).

Zudem ist vorab zu klären, wie sich die Teilnehmer anreden wollen. Bleiben sie beim Sie oder einigen sie sich auf Du?

Auch haben die Gruppenteilnehmer regelmäßig und pünktlich zu erscheinen, um unnötige Störungen zu vermeiden.

Bei Krankheit und Urlaub ist rechtzeitig einem anderen Gruppenteilnehmer Bescheid zu geben, der die Information an die Gruppe weitergibt.

Jedes Gruppenmitglied öffnet sich so weit, wie es möchte – es setzt die Grenzen in den Übungseinheiten wie auch bei den Reflexionsgesprächen.

---

3 Ist der Seminarleiter/Gruppenleiter gleichzeitig Therapeut, so kann er auch Warum-Fragen stellen. Somit gelingt es ihm, sich schneller an substantielle wie auch existentielle Belange heranzuarbeiten.

4 Die dargestellten Kommunikationsregeln sind in der Originalausgabe humoristisch illustriert, so daß sie sich für den direkten Einsatz in Selbsterfahrungsgruppen anbieten.

Die Selbsterfahrungsgruppe – ihre Sinnhaftigkeit und ihr Zweck

Ferner wird bereits bei der Konstituierung einer Selbsterfahrungsgruppe vom Gruppen- oder Seminarleiter deutlich gemacht, daß Sämtliches, was besprochen, analysiert, reflektiert und gespielt wird, innerhalb der Gruppe bleibt. Es sind persönliche, z.T. existentielle Erfahrungen, welche einen hoheitlichen Stellenwert in unserem Norm- und Wertesystem einnehmen und somit der gegenwärtigen Vertrautheit im Sinne einer Schweigepflicht unterliegen.

Sämtliche Übungen und Gespräche bzw. Reflexionsgespräche innerhalb gruppendynamischer Sitzungen finden in einem „Schonraum“ statt, in dem sich jedes Gruppenmitglied öffnen kann, ohne dafür Ablehnung durch die anderen Gruppenmitglieder zu erfahren. Dabei sollen weder politische Orientierungen deutlich werden, noch individualistische Exhibitionen betrieben werden, noch rituelle Trauer erzeugt werden (vgl. Rittelmeyer, Wartenberg 1975, S. 80f).

Die therapeutischen Hilfsmöglichkeiten in einer Selbsterfahrungsgruppe müssen so beschaffen sein, daß das Individuum in seiner Integrität, Autonomie, Selbststeuerung und Ich-Einheit unterstützt und gestärkt wird. D.h. diese Entwicklung bzw. Entfaltung soll durch das Medium Gruppe plus Therapeut in Gang gesetzt werden, damit die Person ihre Energiepotentiale selbst aktivieren und sich als geschlossenes Selbst erfahren kann (vgl. Dießner 1994, S. 80). Voraussetzung ist dabei ein gegenseitiges Verstehen im Sinne von Akzeptanz und Toleranz[5], damit eine echte und vertrauensvolle Atmosphäre entsteht.

Abschließend, aber auch berechtigterweise eingangs im Rahmen eines Seminars, einer Fortbildungsreihe, einer Selbsterfahrungsgruppe erhebt sich die Frage nach dem Ziel bzw.: Was bewirken unsere Übungen im Hinblick auf die Alltagspraxis?

Das Grobziel ist in der Regel bereits durch den Titel der Veranstaltung vorgegeben, oder durch ein Vorgespräch mit der Arbeitsgruppe, dem Team vordiskutiert worden. Trotzdem bleibt die Frage nach Sinn und Transfer für die gesamte Gruppe wie auch für den Einzelnen bestehen.

---

5 O.g. Attribute sind nicht nur für Interaktions-/Selbsterfahrungsgruppen, sondern stets in allen therapeutischen Prozessen von bedeutender Relevanz.

Zum einen geht es um die Sensibilisierung für uns selbst und für meinen Nächsten, d.h. im Hier und Jetzt mit meinem Gegenüber: Wir alle sind individuelle, soziale und politische Wesen.

Im Zuge interaktionistischer Übungen soll der Prozeß zur Herausbildung neuer menschlicher Verkehrsformen durch die Stärkung des Ichs über das Selbsterleben erfolgen.

Es geht darum, dem anderen deutlich und bewußt zu machen, was er als Individuum an sich selbst nicht wahrnimmt, was er an anderen Individuen nicht wahrnimmt und ihm als Gegenüber bei Klärungsfragen zur Seite zu stehen. Dieses kann sich auf seine Interessen, seine unerkannten Hoffnungen, seine unvollendeten Menschen- und Weltbilder, aber auch seine widersprüchlichen Meinungen beziehen (vgl. Rittelmeyer, Wartenberg 1975, S. 109ff, 122f).

> „Eine Antwort scheint in den oft spannungslösenden, dem gegenseitigen, vorsichtigen Abtasten und Kennenlernen dienenden Übungen zu liegen, in denen auf spielerische Weise – in der geschützten Zone der Übungsgruppe – eine gegenseitige Beurteilung der Teilnehmer erfolgt. Jeder sagt den anderen, wie er sie erlebt und wie er sich selbst erlebt, und die jeweils anderen stellen dann ihr Erleben dieser Äußerung in Form einer Rückmeldung (Feedback) dar“ (ebd., S. 78).

Jedes Individuum erlebt sich dabei als vollwertiges Gruppenmitglied, als Hilfs-Ich, als Partner und erweitert, vertieft seine Erlebnis- und Handlungsfähigkeit durch das Feedback der Gruppe, und – wenn der Seminarleiter/Gruppentrainer über eine therapeutische Ausbildung verfügt – auch über seine Profession. Zöchbauer und Hoekstra stellten fest, „daß Lernen von Feedback-Geben zur Verbesserung der Selbst- und Fremdwahrnehmung führte und sogar Einstellungs- und Verhaltensänderungen bewirkte“ (Zöchbauer, Hoekstra 1974, S. 91).

Zum Abschluß eines Seminars können für die Auswertung auch Fragebögen verwendet werden. Sie sollten jedoch das verbale Feedback nicht ersetzen. Am Ende des Buches stelle ich zwei Musterbeispiele vor, um die Wünsche, Einstellungen, Hoffnungen, Vorstellungen, Ziele, das emotionale Engagement der Gruppenmitglieder zu eruieren. Diese beiden Fragebögen können entsprechend modifiziert werden.

Regeln für den Gruppenleiter/ Seminarleiter

Für ihn haben vorangestellte Regeln die gleiche Verbindlichkeit wie für die Teilnehmer.

Zudem hat er jedesmal die Gruppe, wie auch den Einzelnen, dort abzuholen, wo sie gerade stehen. Er hat sich selbst, wann immer auch möglich, als Gruppenmitglied einzubringen.

Er trägt die Verantwortung für einen korrekten und sachlich wertfreien Verlauf einer jeden Sitzung.

Er hat gegenüber allen Teilnehmern eine Fürsorgepflicht.

Er gibt die formale Struktur an und achtet auf den zeitlichen Ablauf, damit individuelle und gruppenbezogene Prozesse nicht eingeschränkt, blockiert oder gar abgebrochen werden.

Seine Aufgabe ist es, den Einzelnen mit seinen Stärken und Schwächen so anzunehmen, wie er ist – ihn zu stärken und zu stützen.

Er hat dafür zu sorgen, daß die Gruppe, wie auch der Einzelne, eine entsprechende Rückmeldung erhält.

Die Reflexionsphasen müssen einen natürlichen Abschluß finden, d.h. sie müssen ausdiskutiert werden.

Erfahrene Therapeuten sollen für die Abschlußphase einer Sitzung mindestens 45-60 Minuten für die Aufarbeitung von Irritationen, Frust, Trauer, Wut, Hilflosigkeit einplanen.

Auch während des Spielverlaufs muß, wenn nötig, z.B. bei auftretenden Problemen, die Zeit vorhanden sein, anliegende Störungen zu diskutieren, ohne daß nicht betroffene Teilnehmer frustriert sind.

> „Darüber hinaus sollte während des Planspiels reichlich Zeit vorhanden sein, um Video-Aufnahmen machen und direkt im Anschluß an die Spielperioden auswerten zu können, da Video-Aufnahmen die Ich-Beteiligung und damit die Realitätsnähe des Spiels um so mehr erhöhen, je unmittelbarer ihre Auswertung erfolgt" (Kreft, Schwarz 1980, S. 122-133).

Niemals sollte eine Sitzung aus Zeitgründen abgebrochen werden.

Niemals sollte der Therapeut/Gruppentrainer die Gruppenteilnehmer mit unbearbeiteten Konflikten, Resten entlassen. Deshalb ist darauf zu achten, „daß eine Aktivität nicht mehr Daten hervorbringt, als in der angesetzten Zeit erschöpfend verarbeitet werden können. Falls eine Aktivität dazu führen kann, daß sich wichtige Problemstellungen nicht klären lassen, empfiehlt es sich, auf ihre Durchführung zu verzichten" (Pfeiffer, Jones 1977, S. 11).

Als Therapeut hat er dafür zu sorgen, daß der Einzelne seine persönlichen Unzulänglichkeiten nach der Analyse aufarbeitet, daß er motivationale Anreize setzt und mit den Gruppenteilnehmern deutlich macht, daß er Kompensationsmöglichkeiten aufzeigt, damit die Gruppenteilnehmer sich gegenseitig Kompensationstechniken vermitteln bzw. transparent machen und einüben.

Er hat für gegenseitige Akzeptanz, Toleranz, Wertschätzung zu werben und diese auch selbst zu zeigen.

In gewissen zeitlichen Abständen sollte er mit der Gruppe gemeinsam Zwischenbilanz ziehen, um bislang nicht zum Tragen gekommene Befindlichkeiten oder Ergebnisse festzuhalten und diese Dinge auch zu fixieren bzw. zu visualisieren.

In der Abschlußsitzung hat eine gründliche Auswertung, die auch eine Ablösung impliziert, stattzufinden.

Er kann ruhig zeigen, daß er auch Mensch ist, d.h. daß er nicht omnipotent ist – aber er trägt Verantwortung für den Einzelnen und für die ganze Gruppe, und er ist Modell.

Deshalb: Auch „psycho-soziale Leiterkompetenz (ist) ohne Selbsterfahrung kaum möglich" und bedarf der Supervision (Malcher 1980, S. 16).

Die Gruppe und ihre Dynamik

Gruppe wird definiert als „eine Mehrzahl von Menschen, die durch gemeinsame Interessen, Ziele und ähnliches zeitlich relativ beständig miteinander verbunden sind (soziale Kontakte), so daß sie als eine soziale Einheit erscheinen“ (Brockhaus, Bd. 9, 1989, S. 241f).

Die Grundlage dieses Konzepts von Gruppe beruht auf einer Mehrzahl von Objekten und Personen, welche in einem gegebenen Augenblick unter besonderer Berücksichtigung von physischer Nähe existieren (vgl. Douglas 1979, S. 17).

In allen Gesellschaftsschichten gibt es eine Vielzahl von Gruppen mit verschiedensten Sinn- und Zweckgebungen. Es gibt sogenannte „natürlich auftretende“ Gruppen, wie z.B. die Familie, aber auch „geschaffene“ Gruppen, wie z.B. Arbeitsgruppen.

Die vorgestellten Übungen beziehen sich in erster Linie auf die Kleingruppe. Auf dem Gebiet der Kleingruppenforschung sind Elemente der Sozialwissenschaften von Bedeutung, welche sich gegenseitig ergänzen, stützen und somit Erklärungskonzepte für Theorie und Praxis bieten. Dazu gehören die Anthropologie, Philosophie, Psychologie, Pädagogik, Soziologie, aber auch Kommunikationsforschung, Rollen- und Konflikttheorie, somit die Andragogik.

Cooley hat sich um den Ausdruck „Primärgruppe“ verdient gemacht. Er meint damit Gruppen, deren Charakteristikum darin besteht, daß die Beziehungen von Angesicht zu Angesicht (face to face group) einen intimen Zusammenhalt gewähren, deren Aktivität durch Kooperation gekennzeichnet wird (vgl. Douglas 1979, S. 15, 18ff; Meyer 1977, S. 49f).

Die Größe einer Kleingruppe beträgt 3 bis 15 Personen.

„Die Kleingruppe (verdeutlicht),

- daß menschliche Beziehungen, Beziehungsgeflechte dynamischen Gesetzmäßigkeiten unterliegen,
- daß es Methoden zur Strukturierung und Begleitung zwischenmenschlicher Beziehungen gibt,
- daß die »Einbahnkommunikation« (nach Tobias Brocher) nicht in die Gruppenarbeit gehört, weil sie zur Passivität erzieht,
- daß die Kleingruppe ein Herauswachsen aus der rezeptiven Rolle des »Nur-Zuhörens« ermöglicht,
- daß das Erkennen des eigenen Standpunktes, die Erfahrung der eigenen Gegebenheiten und der persönlichen Stärken und Grenzen möglich werden,
- daß in der Kleingruppe ein feed-back erfolgen kann; gemeint ist damit eine Rückkoppelung, also ein Erfahren, wie der Einzelne auf den anderen in Wort und Haltung wirkt,

- daß die Kleingruppe ein Instrument der Selbsterfahrung, der Erprobung und Übung sein kann" (Malcher 1980, S. 13).

Der Begriff Gruppendynamik wird verstanden als Sammelbegriff, welcher die Erforschung des Verhaltens wie auch die Verhaltensänderung von Gruppen impliziert. Dabei wird die Gruppe als kollektives psychisches Kraftfeld verstanden, in dessen Szenario die Gruppenteilnehmer situativ reagieren und agieren, d.h. in dessen Verlauf üben sie Gruppenfunktionen aus (vgl. Meyer et al. 1977, S. 29f).

Durch Kommunikation und Interaktion entsteht eine Dynamik, die auf bestimmten Verhaltensweisen wie auch auf individuellem Erleben beruht. Da sind verbale, nonverbale Signale, Botschaften, Einstellungen, Gefühle, Motivationen, Erwartungen jedes Individuums zu nennen, welche das Geschehen in der Gesamtgruppe nachhaltig beeinflussen (vgl. Küchler 1979, S. 15f).

Vorstellungs- und Kennenlernphase

Kennenlernspiel

Vorstellung

Material
Filzstifte, Pappstreifen (ca. 20cm x 16cm)

Durchführung
Die Teilnehmer sitzen an ihren Arbeitstischen und schreiben ihre Namenskärtchen selbst.
Ein Gruppenmitglied beginnt, eine andere Person vorzustellen und versucht, sie in bezug auf Alter, Familienstand, Kinder, Beruf, soziales Engagement, Hobbys richtig einzuschätzen.
Im Anschluß daran bestätigt, korrigiert und ergänzt der Vorgestellte die Einschätzungen.
Danach werden die Rollen gewechselt.

Reflexion
Ergibt sich ggf. aus dem Verlauf des Kennenlernspiels.

Modifikation
Die Teilnehmer sitzen ohne Namenskärtchen im Kreis.

Notizen

Wandzeitung

Vorstellung

Material
2 Blätter DIN A 1/DIN A 2, verschiedenfarbige Filzstifte (dick und dünn)

Durchführung
Alle Gruppenmitglieder schreiben ihren Namen auf die Blätter, die an der Wand hängen.

Dazu soll jeder etwas Spezifisches und Charakteristisches zu seiner Person ergänzen oder auch malen.

Reflexion
- Wer hatte Schwierigkeiten, etwas Spezifisches oder Charakteristisches zu seiner Person zu finden?
- Wer hatte Probleme beim Malen?
- Wer ist mit seiner Darstellung zufrieden/unzufrieden?

Modifikation
Jeder Teilnehmer bekommt ein eigenes großes Blatt sowie ein Set Filzstifte und hat viel Platz für die eigene Darstellung

Notizen

Namenskette

Wahrnehmung • Konzentration • Gedächtnisleistung

Durchführung

Die Gruppenteilnehmer sitzen zum ersten Mal in der Runde zusammen. Nachdem sich jeder kurz vorgestellt hat, wird eine Namenskette gebildet: Ein Teilnehmer sagt laut seinen Namen, der Nachbar wiederholt den Namen seines Vorgängers und fügt seinen hinzu, usw.

Reflexion

Ergibt sich ggf. aus dem Spielverlauf.

Modifikation

Sollte die Gruppe sehr groß sein, kann sie in 2 Kreise, d.h. einen inneren und einen äußeren Kreis geteilt werden.

Notizen

Kennenlernspiel

Den anderen Teilnehmer mit seinen Bedürfnissen besser verstehen und kennenlernen

Material
farbiges Kordelknäuel, Stühle, Decken

Durchführung
Teilnehmer sitzen auf Stühlen oder Decken im Kreis. Der Kursleiter oder ein Teilnehmer hält den Kordelanfang fest und wirft das Knäuel einem anderen Teilnehmer zu. Dabei interviewt er sein Gegenüber:

- Welche Erwartungen hast du an dieses Seminar?
- Wo liegen deine kreativen Stärken/Schwächen?
- Was bestimmt deinen täglichen Arbeitsalltag?

Der Befragte wird nun selber zum Interviewer, indem er das Knäuel weiterwirft und sein neues Gegenüber befragt, usw.

Der Abschluß besteht darin, daß sich die Teilnehmer, die den gleichen Farbstrang in der Hand halten, zu einer Gruppe zusammenschließen und für den weiteren Sitzungsverlauf zusammenbleiben. In dieser Subgruppe hat jeder die Möglichkeit, die Teilnehmer näher kennenzulernen.

Reflexion
Ergibt sich ggf. aus dem Sitzungsverlauf.

Modifikation
Verwendung eines einfachen Kordelknäuels, ohne die Bildung von Subgruppen.

Notizen

Partnerinterview

Vorstellung

Material
große Blätter/Pappe (mindestens DIN A 2, besser DIN A 1), Filzstifte (dick und dünn), Wachsmaler

Durchführung
Im Wechsel befragen sich Interviewer und sein Gegenüber und halten die Informationen schriftlich fest.
(*Beispiel*: Alter, Ausbildungsverlauf, ausübende Tätigkeit, Hobbys, sonstiges)

Anschließend malt jeder sein Gegenüber.

In der Großgruppe werden die Bilder im Kreis betrachtet und besprochen. Dabei stellt der Interviewer seinen Partner vor und umgekehrt.

Reflexion
- Hat mich der Interviewer richtig verstanden?
- Hat mich der Interviewer richtig dargestellt?

Modifikation
Jeder Gruppenteilnehmer stellt sich selbst vor.

Notizen

Partnerinterview

Vorstellung

Material
Box/Tasche (nicht transparent) mit verschiedenen Gegenständen, die jeweils paarweise vorhanden sind (z.B. 2 Holzfiguren, 2 Bälle etc.)

Durchführung
Jeder Gruppenteilnehmer greift in die Box und entnimmt einen Gegenstand. Auf diese Weise werden die Paare gebildet.

Die jeweiligen Partner interviewen sich und stellen sich gegenseitig vor. Nach einer vereinbarten Zeit (ca. 15 Minuten) stellt jeder seinen Partner in der Gruppe vor. Dabei ergänzt und korrigiert der Vorgestellte.

Reflexion
- War ich mit meinem zufällig gewählten Partner zufrieden?
- Habe ich die Informationen von meinem Partner erhalten, die mich interessieren?

Modifikation
Jeder Gruppenteilnehmer sucht sich einen Interviewpartner nach Wahl.

Notizen

Partnerinterview

Vorstellung

Material
Schachtel mit kleinen Zetteln; die Nummern auf den Zetteln sind paarweise vorhanden, Papier DIN A 4, Bleistifte

Durchführung
Die Teilnehmer mit der gleichen Nummer bilden ein Paar.
Jeder interviewt seinen Partner mit folgenden Fragen:

- Wen und was würdest du auf eine einsame Insel mitnehmen?
- Was würdest du mit 100.000 DM machen?
- Was ißt du am liebsten?
- Welches Tier würdest du am liebsten sein?
- Warum?
- Ergänzende Fragen: ....

Reflexion
- Konntest du mit den vorgegebenen Fragen etwas anfangen?
- Welche Fragen waren dir wichtiger?
- Was ist für dich der absolute Traum?

Modifikation
Jeder Gruppenteilnehmer sucht sich einen Partner seiner Wahl.

Notizen

Kofferpacken

Konzentration

Durchführung

Die Gruppenteilnehmer sitzen im Kreis. Einer beginnt mit dem Satz: „Ich packe in meinen Koffer ...“

Sein Nachbar wiederholt den Satz und fügt seinen Wunsch hinzu. Wer nicht mehr weiter weiß, scheidet aus.

Reflexion

- Wie war die Anspannung?
- Wie habt ihr es geschafft, so viele Begriffe zu behalten?
- Welche Merktechniken habt ihr verwandt?

Modifikation

Dieses Spiel hat auch mit völlig absurden Begriffen seinen Reiz.

Weiß jemand nicht weiter, dürfen die Gruppenteilnehmer verbale oder ausschließlich nonverbale Hilfestellung geben.

Notizen

Nonverbale Übung

Abbau von Distanz

Durchführung

Jeder Teilnehmer sucht sich einen Partner, ohne mit ihm zu sprechen. Sie stellen sich mit dem Rücken aneinander und bewegen sich durch den Raum, ohne dabei den Körperkontakt zu verlieren. Dabei suchen sie ein weiteres Paar, so daß ein Vierergebilde entsteht, usw.

Reflexion

Welche Kriterien gab es für die Partnerwahl?

Modifikation

- Mit entspannter Musik.
- Mit Powermusik.
- Übung ist auch im Freien möglich.

Notizen

Kennenlernspiel

Vorstellung

Durchführung
Jeder sucht sich eine Person aus der Gruppe, der er sich gerne vorstellen möchte.

Reflexion
- Wer wählt welchen Partner?
- Warum wählt er ihn?
- Was berichtet er?
- Was verschweigt er?

Anmerkungen
In der ersten Sitzung nicht zu sehr in die Tiefe gehen.
Die befragte Person nicht vor der gesamten Gruppe vorführen.

Notizen

Selbstdarstellung

Vorstellung

Material
Jeder sucht sich ein Requisit aus dem Raum oder Garten, das zu ihm paßt.

Durchführung
Die Teilnehmer stellen sich nacheinander in der Gruppe vor, wie sie sich in ihrer subjektiven Wahrnehmung selbst sehen.

Die Selbstbeschreibung mit dem Requisit, das auf persönliche Merkmale hinweist, soll deutlich werden.

Reflexion
- Wie war die Identifikation mit dem Requisit?
- Welches Requisit hätte ich lieber gewählt?
- Wie fühlte ich mich mit meinem Requisit?

Modifikation
Einsatz vorhandener Masken.
Einsatz von vorher selbsthergestellten Tüten- oder Gipsmasken.

Notizen

Kennenlernspiel

Vorstellung

Durchführung

Die Gruppenteilnehmer stehen im Kreis. Nacheinander stellen sie sich mit Namen vor und machen eine Geste mit mimischer Unterstützung.

Die Gruppe soll raten, wer oder was dargestellt wird.

Reflexion

- Wie fühlte ich mich während der Übung?
- Was fiel mir besonders schwer?
- Fühlte ich mich verstanden?
- Wo lagen die Schwierigkeiten?

Modifikation

Die Gruppenteilnehmer spielen eine Sequenz von 3 oder 5 Minuten vor.

Notizen

Selbstdarstellung

Beobachtung/Wahrnehmung

Durchführung

Ein Gruppenteilnehmer stellt sich vor die Gruppe und macht ca. 2 Minuten eine Äußerung zu einem beliebigen Thema.

Die anderen Teilnehmer bewerten nun diese Aussage und ordnen sie der Person mit gewissen Attributen zu.

Reflexion

Wie fühlte ich mich vor der gesamten Gruppe?
Korrelation zwischen verbalem und nonverbalem Ausdruck.

Modifikation

Wenn sich die Gruppe bereits längere Zeit kennt und eine gewisse Vertrautheit vorhanden ist, kann die Zeit, in der ein Teilnehmer vor der Gruppe steht, auf 5 oder 10 Minuten erweitert werden.

Notizen

Auswahl eines Bildes

Vorstellung

Material
Mappen mit verschiedenen Drucken

Durchführung
Jeder Teilnehmer sucht sich aus den verschiedenen Bildermappen das Bild heraus, das am meisten zu ihm paßt.

Nach der Betrachtung des Bildes wird dieses in die Mitte des Kreises gelegt.

Reflexion
Die Gruppe rät, wer sich die einzelnen Bilder ausgesucht hat.
Die Teilnehmer erläutern, warum sie sich von einem bestimmten Bild angesprochen fühlen.

Modifikation
Es werden Kataloge und Zeitschriften zur Verfügung gestellt, woraus sich die Teilnehmer Anzeigen, Bilder usw. herausschneiden können.

Notizen

Sensibilitätsübung

Ausdrücken von Emotionen

Material
Overheadprojektor, Folien, farbige Folienstifte (dick und dünn)

Durchführung
Jeder malt aus seiner Gefühlslage heraus ein Bild auf Folie.

Reflexion
Die Gruppe muß erraten, von wem das jeweilige Bild stammt und versucht anhand des Bildes, die Gefühlslage des Zeichners zu interpretieren.

Der Betreffende bestätigt, ergänzt und korrigiert.

Anmerkung
Bei Bedarf Aufarbeitung von Frust und Streß.

Notizen

Nonverbale Beschreibung einer Person

Wahrnehmungsgenauigkeit

Material
DIN A 1-Blätter, Eddings (verschiedene Farben)

Durchführung
Ein Gruppenteilnehmer verläßt den Raum. Die anderen Teilnehmer haben die Aufgabe, die draußen wartende Person zu beschreiben.

Die Gruppe wird in zwei Subgruppen aufgeteilt. Gruppe A zeichnet diese Person gemeinsam auf ein Blatt. Gruppe B beschreibt auf einem Blatt die äußeren Merkmale dieser Person.

Reflexion
- Wie war die Situation für die wartende Person?
- Trifft die Zeichnung auf die betreffende Person zu?
- Trifft die Beschreibung auf die betreffende Person zu?
- Wie war die Kommunikation in beiden Gruppen?
- Gab es Probleme? Welche?
- Wer war dominant?
- Wer hat sich kaum oder gar nicht beteiligt? Warum?

Modifikation
Vereinfachte Übung, d.h. die draußen wartende Person wird nur gemalt oder nur beschrieben.

Notizen

Collagen anfertigen

Vorstellung

Material
Blätter/Pappen DIN A 1, Zeitschriften, Acrylfarbe, Pinsel, Wassertöpfe, Scheren, Klebstoff

Durchführung
Es werden Kleingruppen gebildet. Die Aufgabe besteht darin, Collagen mit spezifischen und habituellen Merkmalen, Charaktereigenschaften von Teilnehmern der anderen Gruppen zu erstellen.

Reflexion
Im Plenum werden die Collagen später aufgehängt oder auf den Boden gelegt.

- Abbau von Klischees.
- Bewußtwerden: Wie wirke ich auf andere?
- Zuschreibung von Attributen.

Modifikation
Die Gruppe sucht sich 2 Gruppenteilnehmer heraus, die sie besonders interessant findet.
Die Ausgewählten verlassen für eine halbe Stunde den Raum, während die anderen an den Collagen arbeiten.

Notizen

Klammerspiel

Vorstellung

Material
Wäscheklammern, Kassettenrecorder/CD-Player, Kassetten oder CDs

Durchführung
Jeder Gruppenteilnehmer erhält 7 Wäscheklammern, die er an seiner Kleidung festklemmt. Wenn die Musik ertönt, versucht jeder möglichst viele Klammern von den anderen abzunehmen und sich selbst anzuklemmen.

Die erste Spielphase dauert ca. 7 Minuten. Wenn die Musik aussetzt, zählt jeder seine Klammern.

In der zweiten Runde läuft es andersherum. Jeder Spieler versucht, soviel Klammern wie möglich loszuwerden.

Reflexion
- Wer ist außer Atem?
- Wer benötigt nach der Anspannung jetzt eine Phase der Entspannung?

Modifikation
Einsatz von Entspannungsübungen zwischen den beiden Spielphasen.

Notizen

Die Zeitung

Gruppenbeginn • Zwischen- und Abschlußphase

Material
weiße DIN A 3-Blätter, verschiedenfarbige Eddings (dick und dünn), ca. 40-50 Stück

Durchführung
Zum Gruppenbeginn, in der Zwischen- und Abschlußphase werden Vorstellungsverläufe, Zwischenschritte (Besonderes, Interessantes, Spektakuläres, Witziges, aber auch theoretische und praktische Inhalte, Abschlußszenarien ...) dokumentiert.

Die Zeitung wird von der Gruppe gemeinsam hergestellt. Dabei können nach Bedarf und Notwendigkeit Kleingruppen für redaktionelle Beiträge, Layout und Vervielfältigung gebildet werden.

Jeder Teilnehmer erhält mit Abschluß des Seminars/Kurses ein Exemplar.

Reflexion
Ergibt sich aus den einzelnen Arbeitsschritten.

Modifikation
Einschränkung des Verlaufs durch inhaltliche Reduktion. Die dargestellte Übung kann je nach Ausmaß auf mehrere Sitzungen verteilt werden.

Notizen

Interview anhand eines Fragebogens

Akzeptanz • Toleranz bei der Beantwortung von Fragen

Material

Fragebogen (s. Muster), Schreibunterlage, Bleistifte, Radiergummi

Durchführung

Jeder Gruppenteilnehmer sucht sich einen Partner, den er im Raum kennt.

Jeder Teilnehmer erhält o.g. Materialien und sucht sich mit seinem Interviewpartner im Raum, im Haus, im Freien einen Platz, wo sie ungestört Fragen und Antworten geben können.

Anschließend trifft sich die Gruppe im Plenum, worauf jeweils der Interviewer seinen Partner vorstellt.

Einige Fragen sind sehr persönlich, einige belanglos. Die Fragen, die du deinem Partner stellst, mußt auch du beantworten. Du hast das Recht, jede beliebige Antwort zu verweigern. Du kannst jederzeit sagen, ich möchte keine weiteren Fragen mehr beantworten. Verneinte Fragen werden in der Reflexionsphase nur auf ausdrücklichen Wunsch des Betreffenden diskutiert.

Reflexion

Allgemeine Diskussion über vorgegebene Fragen.

- Welche Frage hat dich am meisten gestört?
- Welche Fragen waren dir zu persönlich?
- Welche belanglosen Fragen würdest du streichen?
- Wie fühltest du dich als Interviewer?
- Wie fühltest du dich bei der Beantwortung der Fragen?
- Wie fühlst du dich jetzt?

Fragenkatalog

1. Was ist deine Lieblingsbeschäftigung?

....

....

2. Macht dir dein Beruf Freude?

....

....

3. Was ist dein liebstes Hobby?

....

....

4. Was ist dein größtes Handicap?

....

....

5. Worüber schämst du dich am meisten?

....

....

6. Bist du früher einmal, zweimal sitzengeblieben?

....

....

7. Hast du jemals bei einer Prüfung gepfuscht?

....

....

8. Wie wichtig ist dir Religion?

....

....

9. An was, an wen glaubst du?

....

....

10. Was hältst du von der Ehe ohne Trauschein?

....

....

11. Was hältst du von Mischehen?

....

....

12. Hast du psychosomatische Beschwerden?

....

....

13. Hast du gesundheitliche Probleme?

....

....

14. Ernährst du dich alternativ?

....

....

15. Welche Mahlzeiten lehnst du ab?

....

....

16. Wie geht es dir, wenn du häufig fremdbestimmt wirst?

....

....

17. Hast du eine Eigenschaft, auf die du stolz sein kannst?

....

....

18. Was hältst du von dir?

....

....

19. Was ist am häufigsten an dir kritisiert worden?

....

....

20. Wie würdest du es empfinden, wenn du im Beisein von anderen Personen weinen würdest?

....

....

21. Welche Art von Kunst magst du?

....

....

22. Welche Art von Musik magst du?

. . . .

. . . .

23. Hast du ein Auto/Motorrad? Welche Marke?

. . . .

. . . .

24. Magst du deinen eigenen Namen leiden?

. . . .

. . . .

25. Was stört dich an der Gruppe?

. . . .

. . . .

Kommunikation und Gruppenbildung

Sensibilitätsübung

Nonverbaler Ausdruck von Gefühlen

Material
Wachsmalkreiden (für jeden Teilnehmer ein komplettes Set)

Durchführung
Jeder Teilnehmer nimmt sich ein Set Wachsmalkreiden und Papier.
Themenvorgabe: ....

Reflexion
Ergibt sich aus dem thematischen Verlauf und nach emotionaler Befindlichkeit.

Modifikation
Themenvorgabe: als Tier, als Pflanze, vom Monster bis zum Lamm.

Notizen

Kennenlernspiel

Wahrnehmung

Durchführung
Die Gruppenteilnehmer sitzen im Kreis. Ein Teilnehmer flüstert seinem Nachbarn einen ausgedachten Satz ins Ohr.
Der Letzte in der Runde sagt allen Teilnehmern, was bei ihm angekommen ist.

Reflexion
- Wie werden kurze Mitteilungen wahrgenommen?
- Wie gehen wir mit bruchstückhaften Informationen um?

Modifikation
Es werden Sätze aus dem Arbeitsalltag der Teilnehmer verwendet.

Notizen

Ich sehe was, was du nicht siehst

Konzentration • Wahrnehmung • Positive Rückmeldung

Durchführung
Die Teilnehmer sitzen, hocken, liegen im Kreis. Einer beginnt mit den Worten: „Ich sehe was, was ihr nicht seht, und das sieht ... aus.“

Hierbei können bestimmte Merkmale vorher eingegrenzt werden (Augenfarbe, Kleidung, Brille, Schmuck ...).

Reflexion
Bei dir gefiel mir besonders, daß ...

Modifikation
Die Teilnehmer sitzen im Freien (Merkmale der Natur).
Die Teilnehmer sitzen in Räumlichkeiten, die einen entsprechenden Anreizcharakter haben.

Notizen

Wahrnehmungsübung

Wahrnehmung • Zuordnung

Material
Augenbinde/Tuch

Durchführung
Die Teilnehmer bilden sitzend einen großen Kreis. Ein Teilnehmer bekommt das Tuch umgebunden und wird mehrfach im Kreis gedreht, bis er die Orientierung verliert und in eine Richtung zeigt. Der Teilnehmer, auf den er zeigt, flüstert ihm einen kurzen Satz zu, und er versucht ihn an der Stimme zu erkennen. Errät er die Person, werden die Rollen getauscht. Ist die Antwort falsch, bleibt er weiter im Spiel.

Reflexion
Die eigene Wahrnehmung überprüfen.

Modifikation
Der zu identifizierende Teilnehmer soll nur ein akustisches Geräusch von sich geben.

Notizen

Wahrnehmungsübung

Taktile Wahrnehmung

Material

Stoffbeutel

- aus Pappe: geometrische Formen, Auto, Obst, Stern, Mond ..., oder
- praktische Gegenstände aus dem Haushalt: Kochlöffel, Schaumbesen, Flaschenöffner ..., oder
- verschiedene Spielwaren: Lego, kleine Plüschtiere, Holzfiguren

Durchführung

Die Teilnehmer sitzen im Kreis. In der Mitte des Kreises liegt der Stoffbeutel. Wer möchte, nimmt den Beutel, schließt die Augen und greift hinein. Wenn er glaubt, einen Gegenstand richtig ertastet zu haben, gibt er ihn bekannt und holt ihn für alle sichtbar hervor.

Reflexion

- Welche Gegenstände waren einfach zu ertasten?
- Welche Gegenstände waren besonders schwer zu ertasten?

Modifikation

Diverses Obst und Gemüse; es muß entsprechend der Teilnehmerzahl genug Obst oder Gemüse vorhanden sein, damit ein anschließender Verzehr stattfinden kann.

Notizen

Konstruktionsspiel

Kreatives Handeln • Kooperation • Nonverbale Kommunikation

Material
verschiedenfarbige und unterschiedlich große Holzklötze

Durchführung
Die Teilnehmer sitzen, stehen oder liegen im Kreis.
Unaufgefordert soll aus dem Holzhaufen gebaut werden.
Bei dieser Übung wird nicht gesprochen.

Reflexion
- Wer nimmt zuerst und wieviel?
- Wer nimmt als letzter?
- Wer gibt nonverbal eine Struktur vor?
- Wie konnten sich die anderen Teilnehmer darauf einlassen?
- Wer hat das Gebilde demonstriert?
- Wer hat eine neue Struktur vorgegeben?

Modifikation
Mit Zeitvorgabe.
Mit thematischer Vorgabe.

Notizen

Pantomime

Subjektivität • Objektivität bei der Aufnahme von Informationen

Durchführung

Pantomimisch sollen Handlungssequenzen aus dem Lebensalltag nachgespielt werden.

Einige Teilnehmer verlassen den Raum. Aus der Gruppe überlegt sich eine Person eine Handlung, die er spielen möchte (Babywickeln, Autowaschen, Hausarbeit ...). Einer der wartenden Teilnehmer wird hereingeholt, und ihm wird die Szene vorgespielt. Er hat nun die Aufgabe, seine wahrgenommenen Informationen dem nächsten Teilnehmer vorzuspielen usw.

Wenn alle an der Reihe waren, demonstriert der erste Spieler die Handlung noch einmal.

Reflexion

Bewußtwerden von subjektiven Wahrnehmungsinhalten und deren Informationsweitergabe.

Modifikation

Wenn das Bedürfnis bei den Teilnehmern vorhanden ist, über Objektivität, Subjektivität, Wahrnehmung, Innenwelt und Außenwelt diskutieren.

Notizen

Geschichte aus dem Leben

Wahrnehmung

Material
Kassettenrecorder, Videorecorder, Videokamera, Stativ, Monitor

Durchführung
4 Teilnehmer verlassen den Raum. Ein Mitspieler erzählt eine „Geschichte aus seinem Leben“ mit vielen kleinen Details, die durch einen Kassettenrecorder/Videokamera aufgezeichnet wird.

Ein Teilnehmer wird hereingeholt. Jemand aus der Runde erzählt ihm die „Lebensgeschichte“, die gerade vorgetragen worden ist. Der Teilnehmer erzählt die Geschichte dann dem Nachfolgenden usw.

Reflexion
Rekonstruktion der Verlaufsbeschreibungen von der ersten bis zur letzten Erzählung durch den Recorder oder die Videokamera. Zum Schluß die Geschichte nochmals anhören/ansehen.

Modifikation
Mit zeitlicher Vorgabe.

Notizen

Nonverbale Übung

Emotionen ausdrücken

Material
Wachsmalkreiden/Ölkreiden, Blätter/Pappe DIN A 1/DIN A 2

Durchführung
Jeder Teilnehmer sucht sich einen Tisch oder eine Ecke im Raum und malt einen Baum, ohne dabei mit den anderen zu kommunizieren.

Danach sitzt die Gruppe im Kreis, und wer möchte, legt sein Bild in die Mitte.

Reflexion
Die Teilnehmer interpretieren das Bild und artikulieren ihre Wahrnehmungen und Gefühle. Der Zeichner korrigiert, ergänzt und erzählt seine Interpretation.

Modifikation
Vorgabe anderer Inhalte (u.a. Haus, Männchen ...) oder ohne Themenvorgabe.

Notizen

Visuelle Informationsaufnahme

Konzentration • Aufnehmen und Behalten

Material

Overhead-Projektor, Folien, farbige Folienstifte (Sets)

Durchführung

Die Gruppenteilnehmer bekommen über den Overheadprojektor für ca. 2 Minuten ein Bild gezeigt, das durch starke Konturen und etliche Details auffallen muß.

Die Aufgabe besteht darin, das wahrgenommene Bild mit möglichst vielen Details auf eine eigene Folie zu zeichnen.
Die Bilder werden einzeln auf dem Projektor betrachtet und in der Gruppe besprochen.

Danach werden abwechselnd Originalbild und die gezeichneten Folien aufgelegt und die Unterschiede besprochen.

Anschließend soll das Bild gesucht werden, das dem Original am ähnlichsten ist.

Reflexion

- Welche Details konnten gut wahrgenommen werden?
- Welche Details konnten schlecht wahrgenommen werden?
- Womit hatte ich besondere Schwierigkeiten?

Modifikation

Es können auch einfache Grundformen wie Haus, Baum, Figuren mit vielen Details eingesetzt werden.

Notizen

Kalorienjagd

Visuelle Übung

Material
mehrere Schachteln mit Pralinen

Durchführung
Ich lade die Gruppe zu einer Kalorien- bzw. Pralinenjagd ein. In Abwesenheit der Teilnehmer werden die Pralinen im Raum versteckt.

Wer die meisten Pralinen gefunden hat wird Pralinenkönig. Die betreffende Person wird von den anderen durch den Raum getragen und bejubelt. Im Anschluß daran werden die Pralinen gemeinsam verzehrt.

Reflexion
- Wie fühlst du dich vorher?
- Wie fühlst du dich nachher?

Modifikation
Für gesundheitsbewußte Teilnehmer lassen sich die Pralinen auch durch Obst oder Nüsse ersetzen.

Notizen

Kreatives Malen

Ohne verbale Kommunikation soll in der Gruppe ein gemeinsames Bild gemalt werden

Material
weiße Blätter DIN A 2/DIN A 1, Filzstifte (dick und dünn), Wachsmaler

Durchführung
Die Teilnehmer sitzen oder stehen am Tisch und malen gemeinsam ein Bild, ohne dabei zu kommunizieren.

Reflexion
- Wie war die Verständigung?
- Welche kommunikativen Hilfen wurden verwendet?

Modifikation
Vorgabe eines Themas

Notizen

Malen nach Musik

Emotionen ausdrücken

Material

weiße Blätter DIN A 1/DIN A 2, bunte Pappen, Eddings (ca. 50 Stück), Kassettenrecorder/CD-Player, Kassetten/CDs mit entspannender Musik

Durchführung

Jeder Gruppenteilnehmer sucht sich einen Arbeitsplatz im Raum (Tisch oder Fußboden) und wählt Stifte und Pappen nach seiner Lieblingsfarbe. Mit Einsatz der Musik beginnt jeder Teilnehmer unter Berücksichtigung seiner Gefühlslage zu malen.

Reflexion

- Welche Probleme hatte ich bei der Darstellung meiner Emotionen?
- Wie war eine thematische Einbindung möglich?
- Eine thematische Einbindung war nicht möglich, weil ...

Modifikation

Mit Powermusik malen.
Vorab auf Phantasiereise gehen (durch den Seminarleiter).
Mit einem oder zwei/drei Stiften (schwarz) gleichzeitig ein graphisches Gebilde malen; anschließend sollen die Zwischenräume farbig koloriert werden.

Notizen

Masken bauen

Identifikation

Material
Pappe, Schere, Farben, Stifte, Klebstoff, Kreppapier, Kordel, bunte Holzkugeln/Klötzchen

Durchführung
In zwei Sitzungen:
1. Masken bauen,
2. Rollenspiel/Improvisationsspiel

Reflexion
- Wem gelang es, seine Kreativität umzusetzen?
- Paßt die Maske zu deiner Identität?
- Wie fühlst du dich mit deiner Maske?
- Hat dir die Maske im Spiel geholfen?
- Bist du du selbst gewesen?
- Welche Rolle hast du gespielt?
- Wie hast du dich dabei gefühlt?

Modifikation
Symbolischer Bau der Masken, d.h. den Kern der Aussage besonders herausstellen.
Thematische Vorgabe.

Notizen

Kreatives Gestalten mit Y-tong

Handwerkliches Geschick

Material
Y-tong-Blöcke (schmal/breit), Sägen, Feilen, Raspeln, Hämmer, Stichbeitel, Dorn
Farben: Bindefarben, Spray, Plakalack (Grundfarben) sowie Gold, Silber, Bronze, Metalliclack, diverse Pinsel

Durchführung
Einführung in das Material
1. Auseinandersetzung mit dem Material
2. Identifikation mit Subjekt und Objekt

Die Teilnehmer erhalten Instruktionen für den Umgang und den Einsatz der Werkzeuge. Jeder experimentiert mit und ohne Hilfestellung des Kursleiters. Danach soll jeder Teilnehmer ein Objekt gestalten.

Reflexion
Auseinandersetzung mit der eigenen Person, mit dem Material, d.h. dem Innen- und Außenaspekt. Theoretischer Exkurs zu innen und außen im Hinblick auf Ganzheitlichkeit.

Modifikation
Elektrische Bohrmaschine, Stichsäge, Multifunktionssäge.
Einsatz von Musik (entspannende Musik oder Powermusik).

Notizen

Hast du Töne?

Akustische Wahrnehmung • Verbaler Ausdruck

Material
Kassettenrecorder

Durchführung
Der Gruppenleiter läßt ein Musikstück oder eine Moderation in großer Lautstärke laufen.

Die Teilnehmer sollen versuchen, die Musik/die Moderation durch leise beginnende und immer lauter werdende Geräusche zu übertönen.

Danach in umgekehrter Reihenfolge. Von lauten Geräuschen soll es langsam immer leiser werden.

Reflexion
- Wer zeigte eine verkrampfte Körperhaltung?
- Wer schaut auf den Fußboden?
- Wer schreit laut?
- Wer schreit nicht?
- Wer ist leise?

Modifikation
Die Gruppe bildet einen großen Kreis.

Notizen

Geschicklichkeitsspiel

Geschicklichkeit

Material
Wasserbomben, große Plastikschüsseln für die gefüllten Wasserbomben

Durchführung
Das Spiel ist im Freien durchzuführen. Jeder Teilnehmer nimmt soviel Wasserbomben, wie er meint, mit ihnen jonglieren zu können. Dabei bewegen sich die Teilnehmer kreuz und quer über die Wiese.

Reflexion
- Wer mußte durch seine eigenen Wasserbomben „duschen"?
- Wer mußte durch die Wasserbomben der anderen „duschen"?
- Wer wurde überhaupt nicht naß?
- Wessen Wasserbomben sind erhalten geblieben?

Modifikation
Mit zeitlicher Begrenzung und Abzählen der Wasserbomben.

Notizen

Geschicklichkeitsspiel

Geschicklichkeit • Reaktionsschnelligkeit

Material
Wasserbomben, große Plastikschüsseln für die gefüllten Wasserbomben

Durchführung
Die Gruppe steht im Kreis. Am Anfang erhält jeder Teilnehmer eine Wasserbombe. Einer beginnt und wirft sie einem Teilnehmer zu. Derjenige, der die Wasserbombe erhalten soll, wirft in diesem Moment seine Wasserbombe zurück. Im Verlauf des Spiels ist das Tempo zu steigern.

Reflexion
Ergibt sich ggf. aus dem Spielverlauf.

Modifikation
Die Wasserbomben werden kreuz und quer geworfen.
Einsatz von Musik.

Notizen

Kennenlernspiel

Beobachtung • Nachspielen

Material
Hut/Kappe

Durchführung
Alle Gruppenteilnehmer bewegen sich im Raum. Wer den Hut trägt, gibt die Bewegungsabläufe vor (bestimmte Gangart, Faxen ...), die von den anderen Teilnehmern nachgeahmt werden. Wer danach den Hut bekommt, gibt vor, was ihm gerade einfällt.

Reflexion
- Wer zeigt Spontanität/Kreativität?
- Wem fällt nichts ein?
- Wer sucht sich einen Partner?
- Wie schnell wird der Hut weitergereicht?

Modifikation
Der Hutträger kann seine Bewegungsabläufe kommentieren.

Notizen

Spiegelbild

Wahrnehmung • Koordination

Durchführung

Jeder aus der Gruppe sucht sich einen Partner. Beide Teilnehmer stellen sich so auf, daß genügend Platz für Arm- und Beinbewegungen bleibt.

Die Aufgabe besteht darin, sich mit seinem Partner spiegelbildlich zu bewegen.

Im Spielverlauf werden die Partner öfter gewechselt.

Reflexion

- Wer übernimmt die Führung?
- Wer ist spontan?
- Wer ist kreativ?
- Wer zeigt eine verkrampfte Körperhaltung?
- Wie waren die eigenen Bewegungsabläufe?

Modifikation

Übung mit drei Teilnehmern durchführen.

Notizen

Jakob, wo bist du?

Akustische Wahrnehmung

Material
zwei Augenbinden, dicke Kordel

Durchführung
Die Gruppenteilnehmer bilden einen großen Kreis und halten die Kordel straff. Zwei Teilnehmer erhalten eine Augenbinde und werden in der Mitte des Kreises gedreht.
Die Aufgabe besteht darin, daß ein Spieler den anderen innerhalb des Kreises suchen soll. Der suchende Teilnehmer darf insgesamt dreimal rufen: „Jakob, wo bist du?" Jakob darf nun piepsen, pfeifen oder andere Laute von sich geben, damit ihn sein Partner finden kann.

Reflexion
- Wie fühltest du dich mit verbundenen Augen?
- Hattest du Orientierungsprobleme?
- Gab es Probleme mit der akustischen Wahrnehmung?

Modifikation
Bei einer Großgruppe können auch drei Spieler innerhalb des Kreises sein, so daß zwei Teilnehmer rufen und suchen.

Notizen

Blinzelspiel

Visuelle Kommunikation • Reaktionsschnelligkeit

Material
Stühle

Durchführung
Voraussetzung ist eine ungerade Teilnehmerzahl.

Die Gruppe wird in zwei Hälften geteilt. Die Gruppe mit der geringeren Teilnehmerzahl bildet einen Stuhlkreis, und die anderen stellen sich hinter den Stühlen auf und haben die Hände auf dem Rücken. Aufgrund der ungeraden Zahl steht ein Spieler hinter einem leeren Stuhl. Er versucht nun mit einem sitzenden Spieler durch Augenblinzeln Kontakt aufzunehmen. Fühlt dieser sich angesprochen, springt er schnell auf und versucht sich auf den leeren Stuhl zu setzen. Sein Hintermann muß die Blickkontakte ebenfalls verfolgen und ihn am Aufspringen hindern, indem er ihm die Hände auf die Schultern legt. Reagiert er zu spät, ist der Stuhl leer, und er darf nun blinzeln.

Nach einem Durchgang wechseln sich die Gruppen ab.

Reflexion
Ergibt sich ggf. aus dem Spielverlauf.

Modifikation
Der Spieler, der hinter einem leeren Stuhl steht, gibt vorher die Instruktion, daß die aufgeforderte Person als ein bestimmtes Tier, z.B. als Affe oder Schlange, kommen soll.

Notizen

Artgenossen gehören zusammen

Bewegung • Kommunikation • Wahrnehmung

Material
kleine Karteikärtchen mit Tiernamen, kleine Tiere aus Holz oder Kunststoff (jeweils vier von jeder Art)

Durchführung
Gibt der Kursleiter das Zeichen, setzen sich alle Teilnehmer in Bewegung und suchen möglichst schnell ihre „Artgenossen", wobei sie sich in ihrer jeweiligen Tiersprache verständigen.

Haben sie sich gefunden, müssen sich alle vier auf einen Stuhl setzen.

Die Tierart, die zuletzt sitzt, scheidet aus.

Reflexion
- Woran hat es gelegen, daß sich „bestimmte Artgenossen" schneller gefunden haben?
- Wie war die Kommunikation?
- Wurden unterstützende Bewegungen eingesetzt?
- Welche Schwierigkeiten gab es bei den Artgenossen, die sich als letztes gefunden haben?

Modifikation
Den Spielverlauf nonverbal durchführen: nur durch Vorzeigen der Kärtchen oder Figuren soll sich die Gruppe finden.
Karten vorher mit Zuordnungskategorien wie V=Vater, M=Mutter, S=Sohn und T=Tochter versehen. Die Teilnehmer haben sich als Familie Müller oder als Tierfamilie am Ende in einer bestimmten Reihenfolge auf den Stuhl zu setzen (Vater, Mutter, Sohn, Tochter).

Notizen

Atomspiel

Bewegung • Durchsetzung • Wahrnehmung • Reaktionsfähigkeit

Durchführung

Die Teilnehmer bewegen sich frei im Raum/in der Turnhalle/auf der Wiese. Der Kursleiter ruft beispielsweise: „Atom 6", woraufhin sich möglichst schnell Sechsergruppen bilden sollen.

Die Spieler, die sich keiner Gruppe anschließen konnten, scheiden aus.

Reflexion

- Wie konstruieren sich die Gruppen?
- Welche Teilnehmer scheiden aus?
- Wie setzen sich die Teilnehmer durch?

Modifikation

Bildung kleinerer Subgruppen, z.B.: Atom 4 ...

Notizen

Ebbe und Flut

Akustische Wahrnehmung

Durchführung
Der Kursleiter beginnt, eine Kurzgeschichte oder Urlaubsgeschichte zu erzählen, während die Gruppenteilnehmer durch den Raum laufen. Fällt der Begriff „Ebbe“, setzen sich alle Teilnehmer möglichst schnell auf den Boden. Wer zuletzt sitzt, muß die Geschichte weitererzählen. Fällt der Begriff „Flut“, steigen die Teilnehmer auf Stühle oder Tische. Wer hier als letzter oben ist, erzählt die Geschichte weiter.

Reflexion
- Wer hatte Probleme, das Gehörte in die Tat umzusetzen?
- Wer hatte Probleme, die Geschichte fortzusetzen?

Modifikation
Steigerung von Konzentration und Wahrnehmung durch Erweiterung von Begriffen (z.B. Wasser, Feuer, Luft ... – nicht mehr als 4 Begriffe).

Notizen

Der Zauberer

Reaktionsschnelligkeit

Material
Schlegel

Durchführung
Alle Teilnehmer laufen kreuz und quer durch den Raum/die Turnhalle. Berührt der Zauberer einen Spieler mit dem Schlegel, erstarrt dieser zu einem Stein. Er kann nur von einem Spieler mit der gleichen Haarfarbe erlöst werden, der ihn durch Berührung „freispricht".

Reflexion
- Wer fühlt sich geschafft, wer mußte häufig rennen?
- Wie war das Spieltempo?
- Mußte jemand längere Zeit in seiner Position verharren?

Modifikation
Einsatz eines Tambourins, z.B. im Lauftakt schlagen.
Einsatz von Musik.

Notizen

Phantasie- und Geschicklichkeitsübung

Akustische Wahrnehmung • Geschicklichkeit

Material
Turngeräte, Schlüsselbund

Durchführung
In der Turnhalle wird von den Teilnehmern eine Hindernisstrecke aufgebaut. In einer Ecke werden Knautschsäcke zu einer Runde gelegt. Während die Teilnehmer auf den Knautschsäcken sitzen oder liegen, erzählt der Kursleiter eine Phantasiegeschichte und hält dabei einen Schlüsselbund in der Hand. Wenn er den Schlüsselbund fallen läßt, versuchen die Teilnehmer, so schnell wie möglich die Hindernisstrecke zu durchlaufen und sich danach wieder auf den Knautschsäcken niederzulassen. Wer als letzter ankommt, setzt den Spielverlauf fort und erzählt die Geschichte weiter.

Anmerkung
Einige Hindernisse parallel aufbauen.

Reflexion
- Gab es Probleme, Hindernisse zu bewältigen?
- Gab es Probleme bei der Fortsetzung der Geschichte?
- Welche Schwierigkeiten gab es bei Überholmanövern?

Modifikation
Statt Schlüsselbund Musik einsetzen.
Schlüsselbund versteckt halten, so daß die Teilnehmer ihn nicht sehen können.

Notizen

Multifunktionsmaschine

Kooperation

Durchführung
Dieses Spiel kann in einer Großgruppe oder in Subgruppen gespielt werden. Die Teilnehmer bilden eine Multifunktionsmaschine. Einer ist der Konstrukteur, der die Maschine entwickelt und baut. Er gibt den Teilnehmern bestimmte Funktionen, wie Bewegungsabläufe und deren Kommentierung oder Geräusche vor. Ist die Multifunktionsmaschine fertiggebaut, wird sie in Betrieb genommen.

Reflexion
Wie werden die Rollen verteilt?

Modifikation
Nonverbale Übung: Der Konstrukteur erläutert die Funktionen über Gestik und Mimik.
Einsatz von Video ist sinnvoll.

Notizen

Geschicklichkeitsübung

Sensitives Erleben

Material
Luftballons, Luftballonpumpen

Durchführung
Die Gruppenteilnehmer suchen sich einen Partner. Jedes Paar bekommt einen Luftballon, den beide nur mit jeweils einer Fingerspitze berühren. Sie sollen damit experimentieren und sich durch den Raum bewegen, ohne daß der Ballon zu Boden fällt.

Reflexion
- Wer hatte mit dieser Übung Probleme?
- Bei welchem Paar fiel der Ballon nicht zu Boden?

Modifikation
Mit entspannender Musik.
Mit Powermusik.
Als nonverbale Übung.
Den Ballon zwischen den Köpfen, Hüften, Armen halten und experimentieren.

Notizen

Geschicklichkeitsübung

Sensitives Erleben • Geschicklichkeit

Material

Luftballons, Luftballonpumpen, Kassettenrecorder/CD-Player, Kassetten/CDs mit entspannender Musik und mit Powermusik

Durchführung

Jeder Teilnehmer sucht sich einen Partner. Sobald die Musik einsetzt, klemmen sich die Paare den Luftballon zwischen die Stirn und tanzen nach der Musik. Der Ballon soll dabei nicht auf den Boden fallen. Setzt die Musik aus, bleibt das Paar stehen und verharrt in der Position. Auch hier darf der Ballon nicht zu Boden fallen. Setzt die Musik wieder ein, wird weitergetanzt. Fällt der Ballon herunter, scheidet das jeweilige Paar aus.

Reflexion

- Bei welchem Paar fiel der Ballon nicht zu Boden?
- Wer mußte beim Musikstop in anstrengender Position verharren?

Modifikation

Den Ballon zwischen Bauch und Bauch oder die Hüften klemmen.

Notizen

Standhalten

Beobachtung • Wahrnehmung

Material
Papier DIN A 4, Bleistifte

Durchführung
Ein Teilnehmer stellt sich für ca. 15 Minuten vor die Gruppe und sagt nichts. Die anderen Teilnehmer beobachten seine Gestik, Mimik und Körperhaltung und protokollieren dieses.

Reflexion
Der zu beobachtende Teilnehmer berichtet, wie es ihm ergangen ist.

Die Teilnehmer verbalisieren das beobachtete Verhalten.

Modifikation
Zeitdauer nur 10 Minuten.

Notizen

Roboterspiel

Verantwortung übernehmen

Durchführung

Ein Teilnehmer ist Konstrukteur und baut Roboter. Seine Roboter sind funktionstüchtig und reagieren auf Knopfdruck. Sie lassen sich lenken, indem der Konstrukteur mit beiden Händen die Schultern seiner Roboter berührt und die Richtung – „per Knopfdruck" – bestimmt (rechte Schulter = rechts; linke Schulter = links). Ist die Richtung bestimmt, können die Roboter nur geradeaus laufen. Der Konstrukteur ist verantwortlich, daß kein Roboter vor die Wand läuft oder mit einem anderen zusammenstößt.

Reflexion

- Gab es Berührungsängste?
- Wie konntest du deine Verantwortung wahrnehmen?
- Wie konntest du mit Streß umgehen?

Modifikation

Mit geschlossenen Augen.
Mit Maske oder Augenbinde.
Mit selbstgebauten Roboterknöpfen.

Notizen

Entspannungsübung

Akustische und taktile Wahrnehmung • Entspannung

Material
Decken, Knautschsäcke, Schlegel und Topf, Tasse mit Wasser

Durchführung
Die Teilnehmer sitzen oder liegen auf Decken/Knautschsäcken quer im Raum/auf der Wiese/in der Turnhalle. Der Kursleiter erzählt eine Phantasiegeschichte und nimmt die Teilnehmer mit auf diese Reise. Während er erzählt, schaltet er das Licht aus. Kurz vor dem Ende schlägt die Turmuhr 12 Mal. Bei jedem Schlag verändert der Kursleiter seine Position bzw. seinen Standort. Wenn alle Teilnehmer entspannt liegen und die Augen geschlossen haben, läßt er bei jedem Teilnehmer einen Wassertropfen aufs Gesicht, die Stirn, Arme oder Beine fallen. Ist die Runde beendet, schließt er seine Geschichte ab indem er z.B. sagt: „Es wird morgen, der Tag bricht an, es wird langsam heller", und er schaltet das Licht an.

Reflexion
- Wie fühltest du dich?
- Wie geht es dir jetzt?
- Konntest du dich entspannen?

Modifikation
Berührung durch den Schlegel.

Notizen

Der Rollenträger

Wahrnehmung • Konzentration • Sensibilität

Material
DIN A 2-Blätter, farbige Filzstifte (Eddings)

Durchführung
Jeder Gruppenteilnehmer sucht sich einen Platz (auf dem Fußboden oder an Einzeltischen) im Raum, so daß kein Blickkontakt zum Nachbarn und dessen Blatt besteht.

Der Seminarleiter gibt Instruktionen zu folgender Zeichnung:

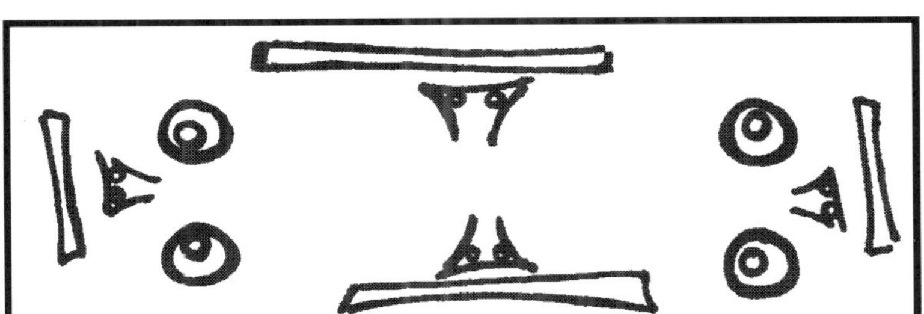

Zeichnet ein Rechteck ca. 25 cm x 20 cm, links oben und unten (nicht direkt in die Ecke!) einen Kreis Ø 4 cm.

In diesen Kreis einen weiteren Kreis.

In die Mitte beider Kreise eine Nase und darunter einen Mund, usw. ...

Reflexion

Die Gruppe trifft sich im Plenum. Der Seminarleiter heftet sein Bild an die Wand. Die Teilnehmer vergleichen selbst.

Die Bilder werde nacheinander besprochen.

Einführung in das Thema „Der Rollenträger".

Diskussion und Schlußfolgerungen.

Modifikation

Das Gesicht mit geometrischen Merkmalen ausstatten.

Notizen

Skulptur I

Sensitives Erleben • Taktile Wahrnehmung

Durchführung
Aufteilung der Großgruppe in Subgruppen. Jede Gruppe stellt eine Skulptur dar.

Reflexion
- Gab es Berührungsängste?
- Gab es unangenehme Situationen?
- War es anstrengend?

Modifikation
Mit thematischer Vorgabe.

Notizen

Bau einer Skulptur

Geschicklichkeit • Anspannung • Konzentration

Durchführung

Bei einer Großgruppe mehrere Subgruppen bilden. Alle Teilnehmer ziehen ihre Schuhe aus. Die Aufgabe besteht darin, daß sich die Gruppe so in Position stellt, daß möglichst viele Mitspieler keinen Bodenkontakt mehr haben. Dabei soll die Gruppe zu einer Skulptur erstarren.

Reflexion

- Wer hatte Probleme mit dem Körperkontakt?
- Wer hatte Probleme mit der Nähe der anderen?
- Wie war das Ausharren der Anspannung?

Modifikation

Als nonverbale Übung.
Möglichst viele Teilnehmer stellen ihre Füße aufeinander; je nach Gruppengröße wird die Gruppe bei dieser Übung von 2 oder 3 Teilnehmern abgestützt.

Notizen

Rückenmassage

Taktile Wahrnehmung

Durchführung
Jeder Gruppenteilnehmer sucht sich einen Partner. Ein Teilnehmer beginnt, mit den Händen den Rücken des Partners durch Klopfen oder leichtes Schlagen zu bearbeiten. Nach ca. 10 Minuten wird gewechselt.

Reflexion
- Wie wurden die Berührungsängste überwunden?
- Wer war angespannt?
- Wer konnte sich entspannen?
- Wie fühlt ihr euch jetzt?

Modifikation
Arme einbeziehen.

Notizen

Orchester

Taktile und akustische Wahrnehmung

Durchführung

Alle Gruppenteilnehmer stehen im Kreis, wobei jeder den Rücken seines Vordermanns vor sich hat. Obwohl keine richtigen Instrumente vorhanden sind, spielt jeder ein Instrument auf dem Rücken seines Vordermanns. Er begleitet und unterstützt seine Aktivität mit der Stimme und imitiert die Töne bzw. die Melodie. Bei der Wahl des Musikstückes soll darauf geachtet werden, daß es zum jeweiligen Partner paßt. Nach ca. 10 Minuten wird gewechselt.

Reflexion

- Wie konntet ihr die Anweisungen umsetzen?
- Was fiel euch dabei schwer?
- Wer hatte Hemmungen?
- Warum glaubtest du, daß dieses Musikstück zu deinem Vordermann paßt?

Modifikation

Ohne akustische Begleitung.

Notizen

Identitätsfindung

Selbst- und Fremdwahrnehmung

Durchführung
Jeder Gruppenteilnehmer wählt eine Persönlichkeit aus dem öffentlichen Leben, die er gerne spielen möchte.

Seine neue Identität präsentiert er im Plenum. Die anderen Teilnehmer sollen ihn identifizieren.

Reflexion
- War es für dich schwer, eine Persönlichkeit zu finden?
- Wie konntest du dich mit dieser Person identifizieren?
- Was fasziniert dich an dieser Person?

Modifikation
Verschiedene Persönlichkeiten zur Auswahl anbieten.
Nur Persönlichkeiten z.B. aus der Politik, Funk und Fernsehen usw.
Einsatz von Requisiten.

Notizen

Ertasten eines Mitspielers

Taktile Wahrnehmung • Körperkontakt

Material
2 Plastiklöffel, Augenbinde

Durchführung
Die Gruppe sitzt im Kreis, der an einer Seite geöffnet ist. Ein freiwilliger Teilnehmer bekommt die Augen verbunden und soll mit beiden Kochlöffeln sein Gegenüber ertasten.

Ein anderer freiwilliger Teilnehmer stellt sich in die Öffnung des Kreises. Der sogenannte „Blinde“ wird an sein Gegenüber herangeführt.

Anmerkung
Die Kochlöffel so halten, daß die spitze Seite jeweils nach hinten zeigt. Wegen der Verletzungsgefahr keine Holzlöffel benutzen, sie könnten Splitter aufweisen.

Reflexion
- Wie habt ihr euch dabei gefühlt?
- War es unangenehm, so vor der Gruppe zu stehen?
- Hattet ihr Kontakt- bzw. Berührungsängste?

Modifikation
Wenn ein Spieler sein Gegenüber nicht identifizieren kann, darf die Gruppe diskrete Hinweise geben.

Notizen

Das Outfit

Identitätswechsel • Schminkaktion

Material
Künstlerschminke, Puder, Pinsel, Creme, Konturenstifte, Lippenstifte, Papiertücher

Durchführung
Es werden Kleingruppen oder Paare gebildet, die sich gegenseitig schminken.

Reflexion
- Wie erlebe ich mein Gegenüber?
- Wie nehme ich ihn als Person wahr?

Modifikation
Freies Experimentieren.
Wie möchte ich aussehen?
Identifikation durch ein anderes Outfit; jeder schminkt sich selbst.
Identifikation mit anderen Rollen.
Wenn vorhanden: Verkleidungskiste plündern.

Notizen

Ausdruckstanz

Gefühle und Stimmungen durch Bewegung zum Ausdruck bringen

Material
Kassettenrecorder/CD-Player, Kassetten oder CDs mit entspannender Musik

Durchführung
Die Teilnehmer bewegen sich nach der Musik frei im Raum.
Tanzend versuchen sie, ihre Empfindungen und Gefühle auszudrücken.

Reflexion
- Wer hatte Probleme, seine Empfindungen und Gefühle auszudrücken?
- Wer hat sich überhaupt nicht bewegt?
- Wer hat eine Struktur bzw. Vorgabe vermißt?

Modifikation
Mit bunten Bändern/Seidentüchern.
Mit Powermusik.

Notizen

Gruppendiskussion

Verbale Kommunikation

Material
Stein (klein und geschliffen)

Durchführung
Die Gruppe wählt ein Diskussionsthema, über das die Anwesenden 15 bis 20 Minuten reden wollen. Der Gruppenteilnehmer, der den Stein in seiner Hand hält, darf reden.

Die anderen Teilnehmer, die einen Beitrag liefern wollen, müssen durch Handzeichen zu erkennen geben, daß sie den Stein haben wollen, um etwas sagen zu dürfen. Derjenige, der den Stein in der Hand hält, bestimmt, wie lange er reden will und wer als Nächster den Stein erhält.

Reflexion
- Wie habt ihr euch gefühlt, als ihr nicht reden durftet?
- Hat es dich geärgert, daß dein Vorredner so lange gesprochen hat?

Modifikation
Thema vorgeben.
Zeitvorgabe ändern.

Notizen

Ideensammlung

Gruppenidee, Gruppenprozeß, Gruppenentscheidung verbalisieren

Durchführung

Die Teilnehmer liegen auf Decken in einem Kreis, wobei ihre Köpfe in die Mitte zeigen. Während sie die Augen geschlossen haben, verbalisieren sie ihre Ideen.

Reflexion

- Wer beteiligt sich besonders stark?
- Wer hält sich zurück?
- Gelangt die Gruppe zu einer gemeinsamen Idee?

Modifikation

Vorgabe eines Rahmenthemas.

Notizen

Identifikationsübung

Akustische Wahrnehmung

Material
Augenbinden/Masken

Durchführung
Die Großgruppe teilt sich in zwei Gruppen, und eine Gruppe erhält die Augenbinden. Die „sehenden" Teilnehmer gehen auf die „blinden" Teilnehmer zu und kommunizieren mit ihnen. Hat der „Blinde" den „Sehenden" identifiziert, setzt er die Augenbinde ab. Nach dem Spieldurchgang wird gewechselt.

Reflexion
- Wie hat mein Gegenüber mit mir Kontakt aufgenommen?
- Woran habe ich mein Gegenüber erkannt? (Stimme, Dialekt, Sprachrhythmus, Duft...)

Modifikation
Die Gruppe sitzt im Kreis. Einige Teilnehmer verlassen den Raum und werden einzeln als „Sehende" hereingeholt. In der Zwischenzeit hat sich aus dem Plenum ein „blinder" Teilnehmer zur Verfügung gestellt. Der „Blinde" wird mit 5 „Sehenden" gleichzeitig konfrontiert.

Notizen

Wellenschlagen

Kommunikation • Reaktion

Material
Schwungtuch

Durchführung
Die Gruppe bildet einen großen Kreis, und die Teilnehmer halten das Schwungtuch fest. Das Tuch wird langsam wellenförmig bewegt. Danach wird die Bewegung langsam zu einer „Sturmflut" gesteigert.

Reflexion
Wie konntest du dich auf deine Mitspieler einstellen?

Modifikation
Einsatz mittlerer/großer Bälle; die Bälle sollen nicht herunterfallen.
2 Teilnehmer wechseln unterhalb des Tuches ihren Standort, bevor die Welle ihren Niederschlag findet.
Es können auch 4 bis 6 Teilnehmer ihren Standort wechseln.

Notizen

Sensitives Erleben

Material
Schwungtuch, Kassettenrecorder/CD-Player, Kassetten/CDs mit entspannender Musik

Durchführung
Das Schwungtuch wird auf den Boden gelegt, und ein Teilnehmer legt sich auf das Tuch. Setzt die Musik ein, wird er von den anderen hochgenommen, geschaukelt, getragen ...

Anmerkung
Der Gruppe wird dabei keine Vorgabe gegeben.

Reflexion
- War die Übung angstbesetzt?
- Vertrauen?
- Mißtrauen?

Modifikation
Mit Powermusik.
Mit geschlossenen Augen.
Mit Augenbinde.

Notizen

Blinden führen

Vertrauen • Wahrnehmung

Durchführung

Wenn die Teilnehmer Vertrauen zueinander entwickelt haben, kann dieses Spiel eingesetzt werden.

Jeder Teilnehmer sucht sich einen Partner, den er „führen“ möchte, und von dem er auch selbst „geführt“ werden will.

Im ersten Spieldurchgang wird die Hand des Partners gehalten. Der „Geführte“ hält dabei seine Augen geschlossen, während er durch den Raum geführt wird.

Reflexion

- Konntest du hell und dunkel voneinander unterscheiden?
- War die Übung angstbesetzt?
- Vertrauen?
- Mißtrauen?

Modifikation

Als nächster Schritt kann dann auch die nähere Umgebung im Haus oder Garten mit einbezogen werden.

Notizen

Labyrinth

Sensitives Erleben

Material
Mobiliar, bei Bedarf Kordel

Durchführung
Die Gruppe baut den Seminarraum um. Aus Stühlen, Tischen, Stellwänden ... wird ein Labyrinth gebaut. 3 Teilnehmer, die durch das Labyrinth gehen möchten, werden nach draußen geschickt. Als Information wird ihnen mitgeteilt, daß die Gruppe noch einige Korrekturen zum Aufbau des Labyrinths vornehmen wird. Nach einem kurzen Umbau wird der erste Teilnehmer mit einer Augenbinde in den Raum in Startposition geführt. Auf „los“ ruft die ganze Gruppe „links/rechts/geradeaus ...“, bis der Teilnehmer ans Ziel gelangt ist. Darauf folgen die anderen beiden Teilnehmer.

Reflexion
- Konntest du dich konzentrieren?
- Was hat dich irritiert?
- Wie war die Anspannung?

Modifikation
Ohne Augenbinden, d.h. mit geschlossenen Augen.
In der Natur: über größere Flächen mit Kordel die Markierung spannen; höherer Schwierigkeitsgrad durch unterschiedliche Bodenflächen.

Notizen

Vertrauensübung

Sensibilität • Vertrauensbildung

Material
Decken

Durchführung
Eine Person stellt sich für diese Übung freiwillig zur Verfügung und legt sich auf die ausgebreitete Decke in der Mitte des Raumes. Die anderen Teilnehmer kommunizieren nur durch Gestik und Mimik. Sie fassen an den Zipfeln der Decke an und schaukeln so die betreffende Person. Sie schaukeln sie sanft an, legen sie hin, tragen sie in eine Ecke des Zimmers oder in einen anderen Raum, transportieren sie bei entsprechendem Wetter auf die Wiese.

Dann bleiben 2 Personen bei der Person auf der Decke zurück, während sich die anderen Teilnehmer schon in den Gruppenraum zurückziehen.

Reflexion
Wie fühltest du dich?

Modifikation
Übung ohne Decke; die entsprechende Person wird auf Händen getragen und geschaukelt.

Notizen

Wortassoziationsspiel

Spontanität • Assoziationsfähigkeit • Phantasie • Kreativität

Material
Decken, Kissen

Durchführung
Die Gruppenteilnehmer breiten ihre Decken zu einem großen Teppich aus. Sie legen sich auf den Rücken, mit dem Kopf auf das Kissen. Die Köpfe sollen zur Mitte zeigen, so daß die Teilnehmer Schulter an Schulter liegen. Die Augen werden geschlossen.

Der Gruppenleiter oder ein Teilnehmer gibt ein beliebiges Wort vor, z.B.: Sonne ... Der linke oder rechte Nachbar sagt, was ihm zu dem Stichwort Sonne einfällt.
Ein neuer Begriff wird eingeführt, wobei jeweils die folgende Person, d.h. der linke oder der rechte Nachbar, seine Assoziation, seine Ideen verbalisiert.

Reflexion
Gab es Worte/Begriffe, die du lieber geäußert hättest?
Wie war die Nähe zu deinem Nachbarn?

Modifikation
Die Teilnehmer liegen auf dem Bauch und halten die Augen geschlossen; es können auch Melodien gesungen, gesummt oder gepfiffen werden.
Der Gruppenleiter gibt einen Begriff vor, z.B. Beamter, Lehrer, Professor, Psychologe, Erzieher ...

Notizen

Katze und Maus

Akustische Wahrnehmung • Reaktion • Schnelligkeit

Material
Katzenmaske/Mausmaske (zwei Augenbinden), ein Glöckchen am Band

Durchführung
Die Teilnehmer bilden einen großen Kreis ohne Lücken. Ein Teilnehmer wird zur Maus bestimmt, ein anderer zur Katze. Sie erhalten jeweils ihre passende Maske, und der Katze wird zusätzlich das Glöckchen um den Hals gebunden. Innerhalb des Kreises muß die Katze die Maus finden. Die anderen Teilnehmer verhalten sich still, damit die Maus nur die Katze hört.

Reflexion
- Wie habt ihr euch dabei gefühlt?
- Gefiel dir die Rolle der Maus?
- Gefiel dir die Rolle der Katze?

Modifikation
Maske mit einem Auge bzw. Augenausschnitt.

Notizen

Konzentrationsübung

Konzentration • Visuelle Wahrnehmung

Material
Dia-Projektor, Dias

Durchführung
Die Teilnehmer sitzen im Halbkreis und betrachten die Dias. Insgesamt sehen sie 15 Dias, jedes Bild für ca. 8 Sekunden. Anschließend soll der eine oder andere Teilnehmer wiedergeben, welche Dias er in Erinnerung behalten hat.

Reflexion
- Welche Techniken habt ihr benutzt, um euch die Dias zu merken?
- Welche Motive konntet ihr leichter behalten?
- Woran lag das?

Modifikation
Der Gruppe werden insgesamt 40 Dias gezeigt, jedes für ca. 8 Sekunden. Die Gruppe löst die Aufgabe gemeinsam. Jeder, der einen richtigen Begriff nennt, schreibt ihn anschließend an die Tafel oder auf ein großes Blatt. Im Anschluß daran betrachtet die Gruppe die Bilder noch einmal und sieht, welche Bilder vergessen wurden.

Das Zeittempo und die Anzahl der Bilder kann durch die Gruppe entsprechend verändert werden.

Notizen

Was sagt mein Gesicht aus?

Kreatives Handeln

Material
Gipsbinden, Wasser, Scheren, kleine Schälchen, Creme, Papier- und Stoffhandtücher

Durchführung
Jeder Teilnehmer sucht sich einen Partner. Die Aufgabe lautet: Suche ein spezifisches/charakteristisches Merkmal im Gesicht deines Partners und forme bzw. gestalte es besonders heraus. Zunächst wird jeweils die Maske bzw. der Gipsabdruck vom Gesicht des Partners angefertigt. Im Anschluß daran werden die Masken weiter bearbeitet.

Reflexion
- Wie habt ihr euch dabei gefühlt?
- Wie habt ihr die Wärme unter der Gipsmaske empfunden?
- Fühltet ihr euch eingeengt?
- War es beängstigend?
- Stimmen die zugewiesenen charakteristischen Merkmale mit eurem Selbstbild überein?

Modifikation
Jeder setzt die Ausgestaltung der Maske des Partners fort.
Dabei hat er sämtliche Freiheiten.
Material: Farben, Farbtöpfe, diverse Pinsel, Federn, Pailletten, Klebstoff ...

Notizen

Nonverbale Übung

Visuelle Wahrnehmung • Sensibilisierung • Nonverbale Übung • Körpersprachen deuten

Durchführung

Die Gruppenteilnehmer sitzen im Kreis. Der Gruppenleiter beginnt mit der Übung, indem er zwei oder drei Beispiele für alltägliche Handlungen demonstriert, die jedes Individuum betreffen. So zeigt er nonverbal, daß er z.B. müde ist, schwitzt, sich langweilt ... Die Gruppe hat die Aufgabe, die jeweiligen Handlungssequenzen einzeln zu deuten. Die Teilnehmer setzen mit jeweils einem Beispiel die Übung fort.

Reflexion

- Was wird überwiegend in der Körpersprache ausgedrückt?
- Welche Signale in der Körpersprache fallen besonders auf?
- War der nonverbale Ausdruck entsprechend meiner psychischen und physischen Verfassung?

Modifikation

Jeder Teilnehmer denkt sich Handlungssequenzen aus dem Arbeitsalltag, Verein ... aus.

Notizen

Siedlerspiel

Zuneigung • Nähe • Distanz

Material
Knautschsäcke

Durchführung
Jeder Teilnehmer sucht sich mit seinem Knautschsack einen Platz im Raum, wo er sich niedersetzt. Nach ca. 5 Minuten verlassen alle Teilnehmer den Raum. Der Gruppenleiter verändert den Standort der Knautschsäcke. Einzeln werden die Teilnehmer vom Gruppenleiter wieder in den Raum geschickt, wo sie sich auf einem Platz niederlassen sollen.

Reflexion
- Wer hat seinen alten Platz wieder eingenommen? Warum?
- Wer hat sich einen neuen Platz gesucht? Warum?
- Warum wolltest du gerade zu diesen Personen, neben denen du gerade sitzt?
- Warum sitzt du an der Wand, in der Ecke, am Heizkörper, in der Mitte des Raumes?

Modifikation
Es werden jeweils 2 Teilnehmer gemeinsam in den Gruppenraum geschickt.

Notizen

Visitenkarte

Kreatives Malen • Gestalten

Material
farbiger und weißer Photokarton, Scheren, Cuttermesser, Kleber, Lineale, Bleistifte, Filzstifte, Pappunterlagen

Durchführung
Jeder Teilnehmer hat die Aufgabe, sich anhand einer Visitenkarte auszuweisen. Diese sollte möglichst so individuell und kreativ gestaltet sein, daß sie der Empfänger niemals wegwerfen würde.

Reflexion
Im Kreis betrachten die Teilnehmer die Visitenkarten, die auf dem Boden liegen. Eine Visitenkarte wird jeweils herumgereicht, so daß sie jeder genauer betrachten kann. Der Besitzer berichtet, warum die Visitenkarte so entstanden ist, d.h., warum sie diese Farbe, Form und Schrift hat.

- Welches charakteristische Merkmal verbindet dich mit deiner Karte?
- Welches persönliche Merkmal willst du besonders hervorheben?

Modifikation
Anstatt der Visitenkarte soll das Raster eines individuellen Personalausweises erstellt werden.

Notizen

Leben eines Clowns

Nonverbale Kommunikation • Wahrnehmung

Material
Requisiten, DIN A 4-Blätter, Bleistifte

Durchführung
Jeder Gruppenteilnehmer soll sich Gedanken darüber machen, wie er als Clown leben würde. Zur Biographie kann sich jeder Stichpunkte aufschreiben. Die Gruppe trifft sich im Plenum. Wer will, kann sich mit oder ohne Requisiten sein Leben oder einen Lebensabschnitt als Clown nonverbal vorstellen.

Reflexion
- Wie hast du dich in deiner Rolle gefühlt?
- Wie kamst du mit den Requisiten zurecht?
- Hättest du lieber eine andere Person gespielt?

Modifikation
Andere Rollen vorgeben, z.B. Bürgermeister, Penner usw.
Aus dem Stegreif Rollen spielen.

Notizen

Emotionale Befindlichkeit

Sensibilisierung • Visuelle Wahrnehmung • Nonverbale Übung • Körpersprache verstehen und deuten

Durchführung

Die Teilnehmer sitzen im Kreis. Jeder Teilnehmer soll nonverbal durch Gestik/Mimik/Körperhaltung ausdrücken, wie er sich gerade fühlt. Dabei soll jeder Teilnehmer nicht nur sich selbst wahrnehmen, sondern auch die anderen Gruppenmitglieder beobachten.

Reflexion

- Was war schwerer, euch selbst oder einen anderen wahrzunehmen?
- Wie war das Aushalten in eurer Position?
- Wie habt ihr euren Partner wahrgenommen? (Rückmeldung des Partners)
- Welche Empfindungen/Gefühle wurden hauptsächlich in der Körpersprache ausgedrückt?
- Welche Signale habe ich bei meinem Partner nicht verstanden?

Modifikation

Rahmenthema vorgeben.

Notizen

Phantasiebild

Sensitives Erleben • Akustische Wahrnehmung

Material
karierte Blöcke (Rechenkästchen), Bleistifte, Kugelschreiber

Durchführung
Die Gruppenteilnehmer sitzen verteilt im Raum und haben jeder für sich einen Block und Stift.
Der Gruppenleiter beschreibt eine geometrische Figur/Form, die er zuvor für sich selbst exakt auf das Rechenpapier gezeichnet hat. Beim Beschreiben wird jeder Arbeitsschritt nur einmal verbalisiert. Jeder Strich hat die Länge/Breite eines Kästchens. Die Anweisungen lauten z.B.: waagerecht, senkrecht, rechts, links, nach oben ... , bis das Gebilde seine Form hat.

Reflexion
- Wer konnte konzentriert zuhören?
- Wer konnte die Informationen entsprechend umsetzen?

Modifikation
Auch diagonale Verbindungslinien zeichnen lassen.

Notizen

Who is who?

Wahrnehmung • Erkennen von physischen Merkmalen • Körperkontakt

Material
Augenbinde

Durchführung
Ein Teilnehmer stellt sich freiwillig zur Verfügung und erhält eine Augenbinde. Die übrigen Teilnehmer bilden einen großen Kreis und halten sich an den Händen fest. Der Blinde steht in der Mitte des Kreises. Die Gruppe läuft solange im Kreis herum, bis er Stop ruft. Seine Aufgabe besteht darin, ein Gruppenmitglied durch Tasten, Beschnuppern ... zu erkennen.

Erkennt er die Person, so werden die Rollen getauscht.

Reflexion
- War es für dich ein Problem, den anderen zu identifizieren?
- Wie war die Anspannung für beide Teilnehmer während der Übung?
- An welchen Merkmalen hast du dein Gegenüber erkannt?

Modifikation
Der Blinde darf sein Gegenüber auch auffordern, ein akustisches Signal zu geben.

Notizen

Konzentrationsübung

Akustische Wahrnehmung

Material
Augenbinde, diverse Gegenstände, die klappern (Töpfe, Holzstücke, Glas, Glocken, Schlüssel ...)

Durchführung
Über die Gegenstände wird ein großes Tuch gelegt. Die Teilnehmer sitzen im Kreis. Eine Person sitzt in der Mitte des Kreises und bekommt die Augen verbunden. Die anderen Teilnehmer klappern abwechselnd mit einem Gegenstand, der von der Person erraten werden soll.

Reflexion
- Wie gut konntest du dich konzentrieren?
- Was hat dich abgelenkt?

Modifikation
Die Geräusche können auch über Kassette eingespielt werden.

Notizen

Körperkontakt

Vertrauensbildung • Sich fallen lassen

Durchführung

Gruppen mit 8 oder 12 Personen bilden. Die Teilnehmer bilden einen dichten Kreis. Ein Teilnehmer stellt sich in die Mitte des Kreises und schließt die Augen. Es wird ihm zugesichert, daß ihm nichts passieren wird, wenn er sich vertrauensvoll in die Arme der anderen Teilnehmer fallen läßt.

Reflexion

- Hattest du bei dieser Übung Ängste?
- Hattest du Probleme, den anderen zu vertrauen?
- Hattest du Berührungsängste?
- War es angenehm/unangenehm?

Modifikation

Die Person durch die Runde kreisen lassen.
Die Person kreuz und quer durch die Runde schicken.

Notizen

Meinungsbildung

Beantworten von Fragen • Visualisieren und Auswerten von Arbeitsergebnissen • Nonverbale Kommunikation

Material
Fragebögen (s. Muster), Schreibunterlagen, Bleistifte, Radiergummi

Durchführung
Während die Gruppenteilnehmer die Fragen beantworten, wird nicht gesprochen. Jeder Teilnehmer versorgt sich mit einem Knautschsack, Fragebogen, Schreibunterlagen und Bleistift und sucht sich einen Platz, wo er in Ruhe seine Fragen beantworten kann.
Wer fertig ist, setzt sich mit seinem Knautschsack in die Mitte des Raumes, so daß ein großer Kreis gebildet werden kann.
Jeder Teilnehmer behält seinen Fragebogen.

Reflexion
Allgemeine Diskussion und Interpretation des Ergebnisses.
Diskussion über einzelne Fragestellungen.

- Wer hatte Probleme bei der Beantwortung bestimmter Fragen?
- Wie fühlst du dich dabei, wenn diese Frage hier offen diskutiert wird?
- Würdest du diese Frage auch in anderen Kreisen diskutieren?

Modifikation
Ansichten über Männer/Frauen.
Ansichten über die Kirche.
Ansichten über Gott.
Ansichten über Sexualität.

Notizen

Fragenkatalog „Ansichten über Lehrer"

Instruktion:

Benutzt bitte bei der Beurteilung nachstehender Aussagen folgende Kategorien:

vgA = völlig gleicher Ansicht
gA = gleicher Ansicht
kM = keine Meinung
aA = andere Ansicht
vaA = völlig andere Ansicht

1. Für die Notengebung zu wenig objektive Grundlagen:

....

2. Der Sexualkundeunterricht mit pubertierenden Kindern macht keinen Spaß:

....

3. Im Kollegium spielen alle Mitglieder des Lehrkörpers Theater:

....

4. Im Kollegium tragen alle ..... Masken:

....

5. Das Kollegium braucht Supervision:

....

6. Die Eltern betreiben durch ihre Präsenz an Elternpflegschaftsabenden nur Gesichtspflege:

....

7. Lehrer dürfen gegenüber Schülern Schwachpunkte zeigen:

....

8. Lehrer dürfen gegenüber Eltern Schwachpunkte zeigen:

....

9. Der Lehrer ist mit den verhaltensauffälligen Schülern überfordert:

....

10. Der Lehrer ist mit der Klassengröße überfordert:

....

11. Die Rechtfertigung der Notengebung vor den Schülern geht dem Lehrer auf die Nerven:

....

12. Klassenfahrten mit Jugendlichen würde ich lieber nicht durchführen:

....

13. Frust und Aggression würde ich gerne in der Schulklasse loswerden:

....

14. Frust und Aggression würde ich gerne im Kollegium loswerden:

....

15. Probleme innerhalb des Kollegiums belasten mich, so daß ich sie mit nach Hause nehme:

....

16. Durch die Belastungen des Schulalltags habe ich psychosomatische Beschwerden:

. . . .

17. Es frustriert mich, daß es in diesem Job kaum Aufstiegschancen gibt:

. . . .

18. Für Lehrer gibt es zu wenig Möglichkeiten des Ausstiegs:

. . . .

19. Ein Lehrer sollte trotz aller Belastungen für die Schüler ein Vorbild sein:

. . . .

20. Die Institution Schule soll neben ihrem Bildungsauftrag wieder mehr den erzieherischen Auftrag wahrnehmen:

. . . .

Auswertung:

Der Seminar-/Gruppenleiter hat inzwischen seine Bewertungsskala an die Wand geheftet.

Beispiel:	völlig gleicher Ansicht	=	+ 2 Punkte
	gleicher Ansicht	=	+ 1 Punkt
	keine Meinung	=	0 Punkte
	anderer Ansicht	=	- 1 Punkt
	völlig anderer Ansicht	=	- 2 Punkte

Der Leiter oder ein Gruppenteilnehmer schreibt die Kürzel der Kategorien auf die Tafel und trägt die Angaben ein, welche die Teilnehmer ihm signalisieren.

vgA	**gA**	**kM**	**aA**	**vaA**
+2	**+1**	**0**	**-1**	**-2**

Summe: ....

bei: ...... Teilnehmern, davon ..... weiblich und ..... männlich

Feedback-Empfänger

Vertrauen • Aushalten von Kritik • Beobachtung

Material
Stühle

Durchführung
Jeder Teilnehmer hat die Möglichkeit, von der Gesamtgruppe eine Rückmeldung zu erhalten.

Die Teilnehmer setzen sich in einen Halbkreis, in dessen Mittelpunkt ein Stuhl steht.

Der Seminar-/Gruppenleiter sitzt hinter dem Halbkreis und beobachtet die Gruppe und den Feedback-Empfänger. Jeder Gruppenteilnehmer, der von der Gruppe eine Rückmeldung haben möchte, setzt sich 10 Minuten vor die anderen Teilnehmer.
Die Teilnehmer beginnen mit positiven Rückmeldungen und lassen ggf. im weiteren Verlauf negative Anteile mit einfließen.
Der Leiter achtet auf einen korrekten Ablauf und stoppt ggf., wenn die Kritik für den Feedback-Empfänger zu vehement wird.

Reflexion
Nach 10 Minuten bildet die Gruppe einen Kreis, einschließlich des Leiters. Es folgt die Aufarbeitung negativer Äußerungen. Diese werden in bezug zu den positiv geäußerten Anteilen gesetzt.

Modifikation
Vorgabe: nur positive Äußerungen.
Vorgabe: nur negative Äußerungen, wenn ein hohes Maß an Vertrautheit herrscht, wobei in der Reflexionsphase die Stärken des Betreffenden mit berücksichtigt werden sollen.
Der Seminar-/Gruppenleiter ist Feedback-Empfänger.

Modellbau

Konzentration • Geschicklichkeit • Wahrnehmung • Nonverbale Kommunikation

Material

Legosteine und Zubehör (Fenster, Türen, Figuren, Räder, Autos), Legoplatten

Durchführung

Die Gruppe teilt sich in Subgruppen.

Der Seminar-/Gruppenleiter zeigt ein fertiges Modell und stellt es auf den Tisch.

Bei dieser Übung wird nicht gesprochen. Die Gruppenteilnehmer haben nun ausreichend Zeit, das Modell von allen Seiten zu betrachten. Haben die Teilnehmer ein genaues Bild vom Modell, wird ein Tuch über das Bauwerk gelegt.
Alle Subgruppen plazieren sich auf dem Boden und fangen an zu bauen. Nach 45 Minuten präsentiert jede Gruppe ihr Bauwerk.

Reflexion

Gemeinsam wird jedes Bauwerk besprochen und mit dem Original verglichen.

- Welche Kommunikationsprobleme gab es während des Bauens?
- Wie konntet ihr euch einigen?
- Wer dominierte während der Übung?
- Wer hielt sich zurück?
- Warum wurdet ihr mit dem Bauwerk nicht fertig?

Modifikation

Verwendung anderer Bau- und Stecksysteme.
Einsatz von Prozeßbeobachtern.

Puzzle legen

Nonverbale Kommunikation • Wahrnehmung • Konzentration • Rücksichtnahme • Geschicklichkeit • Feinmotorik • Zeitdruck • Verhaltensbeobachtung

Material
Entwurf als Musterbeispiel (großes Blatt), bunte Pappen, DIN A 4-Blätter, DIN A 4-Kuverts, Scheren, Cuttermesser, Lineale, Bleistifte

Durchführung
Die Übung verläuft in zwei Phasen. Die Gruppe wird geteilt, so daß Gruppe A für Gruppe B und umgekehrt ein Puzzle mit geometrischen Figuren entwickelt.

Der Seminar-/Gruppenleiter zeigt ein Beispiel (s. Muster) und heftet es an die Wand. Jede Gruppe sucht sich nun einen Raum und hat für diese Übung 45 Minuten Zeit. Das Puzzle soll aus maximal 25 Teilen bestehen.

1. Phase:

Jede Gruppe versorgt sich mit o.g. Material und fertigt zunächst einen Entwurf des Puzzles auf DIN A 4-Größe an. Die Umsetzung soll auf verschiedenen Pappen erfolgen, die in einem DIN A 4-Kuvert verschlossen werden.
Die Gruppen treffen sich im Plenum, bleiben aber in ihrer Form bestehen.

2. Phase:

Beide Gruppen haben nun die Aufgabe, das Puzzle nonverbal zu lösen bzw. zu legen. Dabei wird die Zeit festgehalten. Während die eine Gruppe beginnt, sollen die Teilnehmer der anderen Gruppe das Verhalten beobachten.

Reflexion
In zwei Phasen.

1. Phase:

- Wie kam eine Einigung zum Entwurf des Puzzles zustande?
- Welche Probleme gab es bei der Gestaltung?
- Welche Probleme gab es bei der Farbwahl?
- Wie seid ihr mit dem Zeitdruck umgegangen?

2. Phase:

- Welche Beobachtung habt ihr gemacht, als die andere Gruppe euer Puzzle gelegt hat?
- Wie haben sich die Teilnehmer verständigt?
- Wie habt ihr euch selbst dabei gefühlt?
- Wie habt ihr den Zeitdruck dabei erlebt?
- Was war ausschlaggebend, daß die andere Gruppe schneller fertig war?

Modifikation
Einsatz von gekauften Puzzles.
Bei Großgruppen Aufteilung in mehrere Subgruppen mit gerader Teilnehmerzahl.

Muster:

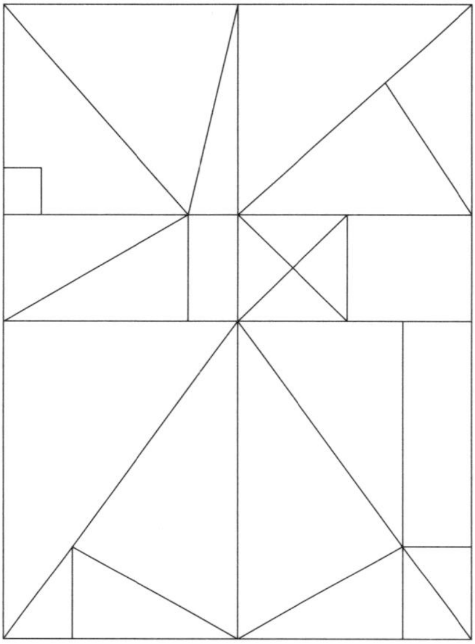

Verbale Inhalte wahrnehmen

Kommunikation • Konzentration • Wahrnehmung

Material

Aufgelistete Themenvorschläge (auf einem großen Blatt), Karteikarten DIN A 5, Filzstifte

Durchführung

Der Seminar-/Gruppenleiter hängt eine Auswahl mit vorgegebenen Diskussionsthemen an die Wand.
Die Teilnehmer bilden spontan Dreiergruppen. Jede Gruppe wählt die Themen aus, die sie für relevant hält. Jede Gruppe sucht sich einen Platz, wo sie in Ruhe über ihre Themen diskutieren kann.

Ein Mitglied aus der Dreiergruppe übernimmt die Rolle des Beobachters, während die beiden anderen Mitglieder zum ausgewählten Thema diskutieren.

Während ein Diskussionsteilnehmer redet, hört ihm der andere zu. Bevor er jedoch selbst seine Meinung äußert, muß er mit seinen eigenen Worten zusammenfassen, was der andere zuvor gesagt hat. Es ist von Bedeutung, daß der Sinngehalt entsprechend wiedergegeben wird. Wird die Zusammenfassung nicht korrekt verbalisiert, d.h. werden die Inhalte nicht entsprechend widergespiegelt, muß der Beobachter helfen.
Jede Dreiergruppe führt in ihrer jeweiligen Konstellation die Diskussion über einen Zeitraum von 10 Minuten aus. Danach werden die Rollen gewechselt, so daß jeder einmal der Beobachter ist.

Reflexion

Alle Dreiergruppen treffen sich im Plenum.

- Austausch über die Rolle des Diskutanten.
- Austausch über die Rolle des Beobachters.
- Welche Probleme hattest du in der Diskussion?
- Welche Wahrnehmungs-, Konzentrationsprobleme haben bestanden?
- Wer hatte Schwierigkeiten beim aktiven Zuhören?
- Wer hatte Schwierigkeiten, den Inhalt entsprechend wiederzugeben?

Modifikation

Die Gruppenteilnehmer schlagen zunächst im Plenum ihre Diskussionsthemen selbst vor.

Die Gruppe setzt ihre Prioritäten in Hinblick auf die Bearbeitung der Themen.

Themenvorschläge für die Diskussion

- Sind hierachische Strukturen in sozialen Institutionen sinnvoll?
- Werden innovative Ideen in sozialen Systemen gehört?
- Werden kreative Mitarbeiter bzw. Kollegen innerhalb des Systems gefördert?
- Was bewirken zusätzliche Modifikationsmerkmale in der Praxis?
  a) ideell?
  b) finanziell?
- Welche Bedeutung hat Macht für mich in verschiedenen Realitäten?
  a) innerhalb der Familie?
  b) auf der Arbeitsstelle?
  c) in kirchlichen bzw. sozialen Systemen, in denen ich mich im Rahmen meiner Freizeit engagiere?
  d) im Verein?
  e) ...

Übertragungsphänomen

Positives Feedback • Nonverbale Kommunikation

Material

Karteikarten DIN A 5, farbige Filzstifte, Knautschsäcke

Durchführung

Im Laufe unserer Sozialisation begegnen wir immer wieder Menschen, die uns an bestimmte Bezugspersonen erinnern.
Auch in unserer Gruppe gibt es vielleicht den einen oder anderen, der uns an wichtige Bezugspersonen erinnert.
Jeder Gruppenteilnehmer sucht sich einen Ort zum Entspannen, schließt für ca. 10-15 Minuten die Augen und überlegt, welche persönlichen Assoziationen die einzelnen Teilnehmer bei ihm auslösen. Diese Assoziationen soll er unter Berücksichtigung seines Lebenskontextes in bezug zum Elternteil, Geschwister oder auch externen Erzieher setzen.

Schreibt den Namen des Gruppenmitgliedes, wo eine erwähnte assoziative Verknüpfung stattfindet, auf eine Karte und beschreibt die wesentlichen Attribute.

Reflexion

Die Gruppe trifft sich im Plenum, d.h. mit den Knautschsäcken wird ein Kreis gebildet. Die einzelnen Teilnehmer überreichen sich ihre Karten. Jeder, der eine Karte erhalten hat, liest sie vor.

- Wer hat keine, eine oder mehrere Karten erhalten?
- Wie ist die Reaktion des Empfängers?
- Wie ist die Reaktion auf positive/negative Übertragung?
- Wie geht es den Addressaten?
- Wie geht es dem Seminar-/Gruppenleiter, falls er eine Karte erhalten hat?

Modifikation

Ausschließlich Personen aus dem Verein, Kirche, Arbeitsplatz.

Notizen

Der Anspruch auf Macht

Nonverbale Kommunikation • Dominanz • Akzeptanz • Unterordnung

Material

Tesakreppband

Durchführung

Bei dieser Übung geht es um euren persönlichen Machtanspruch.

Nachdem sämtliche Hindernisse (Stühle, Tische, Kleinmöbel) an die Seite gestellt wurden, habt ihr für diese Übung 5 Minuten Zeit. In die Mitte des Raums wird eine Markierung mit Tesakreppband geklebt.

Wer von euch die größte Macht beansprucht, möge sich direkt an die Markierung stellen. Wer sich dahinter aufstellt, akzeptiert den Machtanspruch seines Vordermannes.
Ihr sollt euch in einer Reihe aufstellen, ohne daß ihr den anderen schubst, verdrängt o.ä. – dabei wird nicht gesprochen. Ihr könnt ihn lediglich leicht zur Seite schieben.

Reflexion

- Welche Struktur hat sich herausgebildet?
- Ist sie identisch mit dem sonstigen Verhalten?
- Bei wem gab es die größten Auseinandersetzungen um die vordersten Plätze?
- Wessen Machtanspruch habe ich widersprochen?
- Was waren meine Motive?
- Wer hat mich am meisten überrascht?

Modifikation

Die Teilnehmer können sich auch parallel zueinander aufstellen.

Einschätzübung

Fremdwahrnehmung

Material
rote, blaue und grüne Karteikarten DIN A 5, farbige Filzstifte

Durchführung
Die Gruppe sitzt im Kreis. Überlegt in Ruhe:

- Wer hat innerhalb der Gruppe für dich die größte Autorität? (Verwende dafür die rote Karte.)
- Wer hat wenig Autorität? (Verwende dafür die blaue Karte.)
- Wen kannst du nicht richtig einschätzen? (Verwende dafür die grüne Karte.)

Schreibt auf die eine Seite der Karte den Namen der Person, auf die Rückseite eine kurze Begründung, weshalb ihr zu der Einschätzung kommt.

Verteilt eure Karten an die Addressaten. Jeder legt seine Karten, die er erhalten hat, vor sich auf den Boden.

Reflexion
- Wer hat keine Karten erhalten? Warum?
- Wer hat mehrere Karten erhalten? Welche Farben?
- Was bewirkt die rote/blaue/grüne Karte bei den einzelnen?
- Wie geht es ihm dabei?
- Welche Assoziation hat der Empfänger?
- Wie fühlt er sich im Augenblick?

Rückmeldung zunächst durch den Addressaten.
Rückmeldung durch die Gruppe.
Rückmeldung durch den Therapeuten.

Modifikation
Die Übung mit zwei Einschätzungsmerkmalen bzw. Karten durchführen.

Feedback

Transparenz • Ist-Stand • Rückmeldung

Material
weiße DIN A 4-Blätter, verschiedenfarbige Bunt- und Filzstifte

Durchführung
Jeder Teilnehmer nimmt sich Blatt und Stift zur Hand und zeichnet seinen Gefühlszustand auf einer Linie ein. Macht symbolisch deutlich, wie ihr persönlich die Mitgliedschaft in eurer Gruppe empfindet, d.h. wo ihr steht.

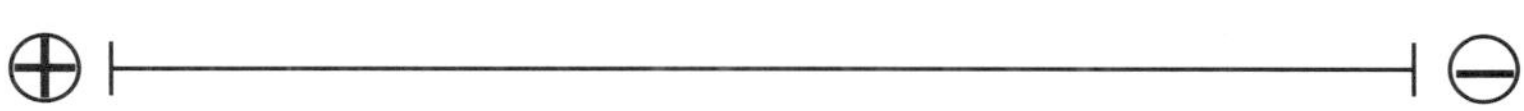

Der Gruppenleiter stellt dazu zwei Fragen:

1. Was war für euch die angenehmste Situation in der Gruppe?
2. Was war für euch die unangenehmste Situation in der Gruppe?

Verseht euer Blatt mit Namen und Datum. Wer fertig ist, hängt sein Blatt an die Wand.

Reflexion
Jeder stellt sein Blatt vor und erläutert sein angenehmstes sowie unangenehmstes Gruppenerlebnis.
Wo gibt es ähnliche Erfahrungen?
Aufarbeitung unangenehmer Gruppenerlebnisse.

Modifikation
Es besteht auch die Möglichkeit, statt einer linearen Strecke einen geschlossenen Kreis zu verwenden, um seine Mitgliedschaft innerhalb der Gruppe deutlich zu machen.

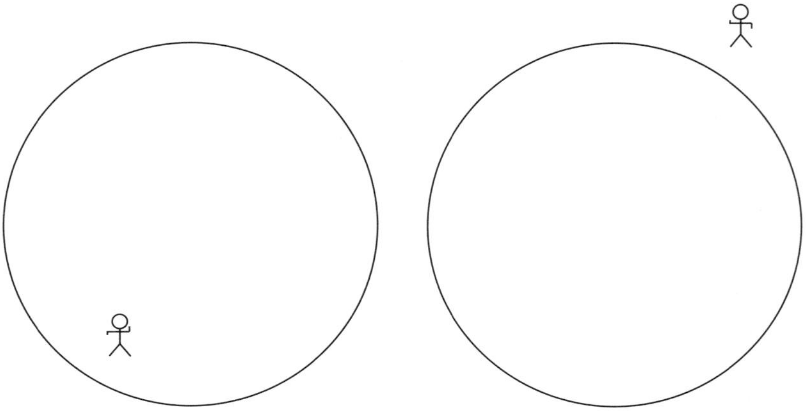

Anmerkung
Diese Art der Übung kann auch im Verlauf eines Seminars als Zwischenschritt im Sinne der Rückmeldung eingesetzt werden.

Sie eignet sich immer in der Abschlußphase eines Seminars.

Notizen

Nonverbale Übung

Wahrnehmung • Kommunikation • Konzentration • Sensibilität

Material
Blätter (DIN A 2), farbige Filzstifte (Eddings), Wachsmalkreiden

Durchführung
Es werden Subgruppen (3-4 Personen) gebildet. Jede Gruppe sucht sich einen Platz (auf dem Fußboden) im Raum.
Ohne daß die Gruppenmitglieder miteinander reden, sollten sie gemeinsam die Instruktionen des Seminar-/Gruppenleiters umsetzen.

Der Gruppenleiter gibt zunächst die Konturen, später die Details eines Hauses schrittweise vor, indem er jede Linienführung verbalisiert.

Die Gruppen treffen sich im Plenum. Der Seminarleiter heftet sein Bild an die Wand. Jede Subgruppe bleibt als Gruppe zusammen und heftet ihr Bild an die Wand.

Anmerkung
Die Vorgabe muß präzise sein.
Auch die Vorgabe z.B. „Haus" soll klar und einfach umzusetzen sein.

Reflexion
Die Auswertung beginnt mit einer Subgruppe.

- Wie war die nonverbale Kommunikation?
- Wurde abwechselnd gezeichnet?
- Konnten die Instruktionen schrittweise umgesetzt werden?
- Wo lagen bei dieser Übung die besonderen Schwierigkeiten?

Modifikation
Große geometrische Formen zeichnen.
Große graphische Bilder zeichnen.
Baum mit einigen Verästelungen.
Baum mit einigen Verästelungen und Früchten.

Muster

Notizen

Mein Lebensbild

Sensibilität • Anspannung • Entspannung

Material

verschiedende Größen von Papierblättern, Ölkreiden, Radiorecorder/CD-Player, Kassetten/CDs mit entspannender Musik, Knautschsäcke

Durchführung

Es sollen Szenarien in der Lebensbiographie neu erlebt werden, mit Distanz betrachtet, bewertet und ggf. neu aufgearbeitet werden.

Die Fenster werden geöffnet. Jeder Gruppenteilnehmer sucht sich einen Platz im Raum, wo er seinen Knautschsack für die Entspannungsübung deponiert. Sobald die Musik beginnt, bewegen sich alle Gruppenteilnehmer durch den Raum, ohne sich zu berühren (1 Minute). Der Gruppenleiter gibt folgende Anweisungen:

„Nun hebt abwechselnd den linken, den rechten Arm oder beide Arme in die Höhe (1 Minute). Versucht mit den Fingerspitzen die Zimmerdekke zu berühren (1 Minute). Versucht noch größer zu werden, indem ihr euch streckt und auf Zehenspitzen lauft und dabei versucht, die Zimmerdecke zu berühren (1 Minute). Jeder geht zu seinem selbstgewählten Platz und legt sich möglichst bequem auf seinen Knautschsack. (Die Musik spielt leise im Hintergrund.)

Schließt die Augen und sucht eine noch bequemere Position. Versucht, euch richtig zu entspannen. Atmet etwas tiefer als gewöhnlich. Atmet tiefer und noch tiefer ein und gründlich aus. Achtet darauf, daß keine verbrauchte Luft mehr in eurem Körper zurückbleibt. Laßt euren Atem fließen.

Stellt euch vor eurem geistigen Auge ein Fotoalbum vor, in dem eure Lebensbiographie in Fotos abgebildet ist. Blättert in Gedanken Seite für Seite durch. Beginnt mit dem Vorschulalter (soweit eure Erinnerung zurückreicht) über Schulalter, Teeniezeit, Jugendlicher, junger Erwachsener bis heute. Schaut euch die Fotos gut an, achtet auf abgebildete Personen, Umgebung, Dinge, sonstige Details ... . Laßt euch Zeit."

Wer will, kann sein schönstes Foto, sein schlechtestes Bild, das Foto, welches sein Leben verändert hat, in Ruhe betrachten und nachher auf Papier wiedergeben.

Wenn alle fertig gemalt haben, setzen sich die Teilnehmer mit ihren Knautschsäcken in die Mitte des Raums. Derjenige, der beginnen möchte, legt sein Bild in die Mitte.

Reflexion

- Wie fühlte ich mich, als ich mein Foto für mich alleine betrachtet habe?
- Welche Erinnerungen wurden wach?
- Hat mich mein Bild traurig/froh gestimmt?
- Gab es während, vor, nach dieser Zeit der Aufnahme einschneidende Erlebnisse/Veränderungen?

Beschreibung des gemachten Bildes.

- Konnte ich mein Erlebnis im Bild so darstellen, wie ich es empfunden habe?
- Darstellung und Erläuterung besonderer Merkmale, Konturen ...

Modifikation

Zeitliche Beschränkung der Biographie.
Fokussierung eines Themas.

Notizen

Roboterköpfe

Wahrnehmung • Kommunikation • Konzentration • Sensitivität

Material

DIN A 4-Blöcke kariert, Bleistifte

Durchführung

Jeder Gruppenteilnehmer nimmt seinen Stuhl, setzt sich so hin, daß er nach Möglichkeit keine andere Person direkt ansieht. Es soll verhindert werden, daß während der Übung ein anderer Teilnehmer die eigene Zeichnung zu Gesicht bekommt.
Der Seminar-/Gruppenleiter setzt sich in die Mitte des Raumes und gibt die Instruktionen. Die Anweisungen werden nur einmal gegeben, untereinander wird nicht gesprochen.

Der Seminarleiter gibt 3 Gesichter schrittweise (siehe Beispiel) vor:

1. Profil von rechts:

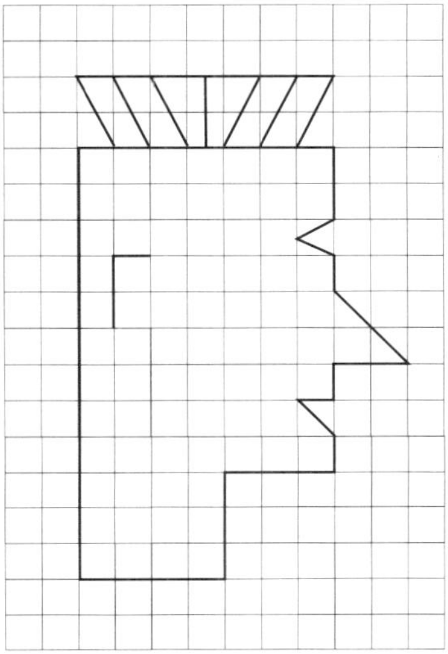

2. Profil von links:

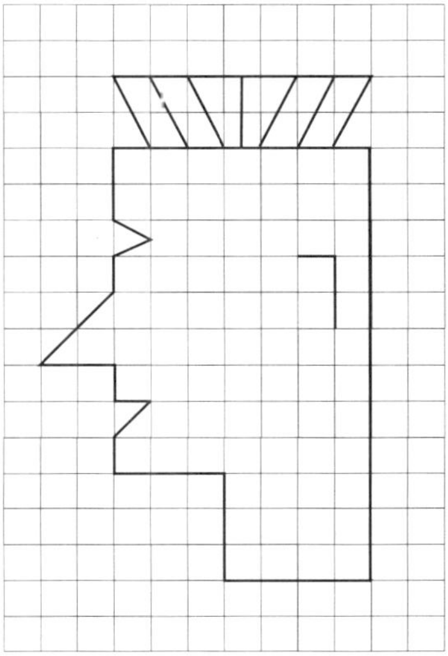

3. Gesicht von vorn:

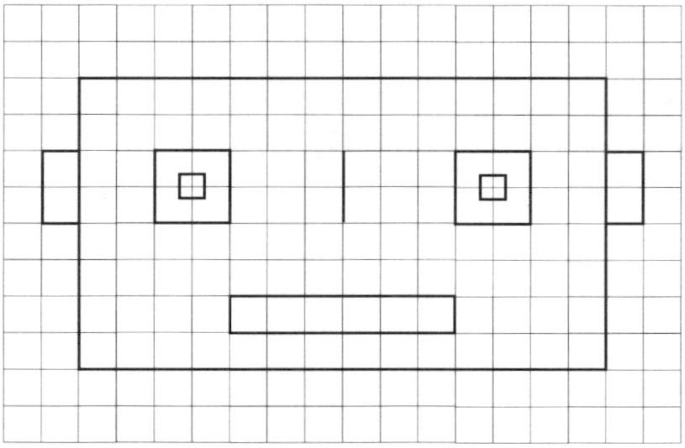

Instruktion, z.B. zu 2

Beginne mit deinem Bleistift im rechten Drittel des Blattes zu zeichnen und benutze die Rechenkästchen. Zeichne 12 Kästchen nach unten, so daß eine vertikale Linie entsteht. Vom oberen Punkt der Linie zeichne nach links 7 Kästchen.
Von diesem Punkt aus 2 Kästchen nach unten, ins nächste Kästchen eine Diagonale nach rechts unten und wieder eine Diagonale innerhalb des Kästchens zurück nach links unten.
Von dort aus 1 Kästchen vertikal, eine Diagonale über eine Länge von 2 Kästchen nach links.
Dort, wo deine Linienführung endet, 2 Kästchen nach rechts und 1 Kästchen nach unten. Dann 1 Kästchen nach rechts und eine Diagonale innerhalb eines Kästchens nach links unten. Danach 1 Kästchen nach unten.
Von dort aus 3 Kästchen horizontal nach rechts, 3 Kästchen vertikal und 4 Kästchen horizontal nach rechts.

Oberhalb der obersten Linie, d.h. 2 Kästchen darüber, ziehe im parallelen Abstand eine horizontale Linie.
Beginne links außen mit einer Diagonalen nach unten, so daß zur unteren Linie 1 Kästchen nach links frei bleibt.
Die nächsten 2 Linien sollen parallel dazu verlaufen.
In der Mitte des nächsten Kästchens zeichne eine Vertikale.
Die rechte Hälfte setze mit drei Diagonalen fort, die wie eine Spiegelung der linken drei Diagonalen erscheinen.

Zeichne innerhalb des Gesamtgebildes eine Vertikale über 2 Kästchen (Abstand von oben 3 Kästchen und von rechts 1 Kästchen), und vom oberen Punkt der Vertikalen 1 Kästchen nach links.

Reflexion
Die Gruppe trifft sich im Plenum. Der Seminarleiter heftet sein Blatt (Vorgabe) an die Wand.
Die Teilnehmer vergleichen selbst.
Die Bilder werden nach und nach besprochen.

- War die Anweisung für den einzelnen zu schnell?
- Wo lag die Schwierigkeit bei der Umsetzung?

Modifikation
Beliebige Vorgaben wählen. Motive dürfen nicht zu schwierig sein.

Notizen

Tauziehen

Gestik • Mimik • nonverbale Kommunikation • Sensibilität • Abstimmung

Material
Kreppband

Durchführung
Jeder Teilnehmer sucht sich einen Partner. Sie stellen sich gegenüber und kleben einen Kreppstreifen auf den Fußboden. Ohne miteinander verbal zu kommunizieren, sollen sie an einem gedachten Tau ziehen. Einer der beiden Partner soll dabei über den Strich gezogen werden.

Reflexion
- War es schwer für dich, bei dieser Übung nicht zu sprechen?
- Was war dabei anstrengend?
- Wer gab nach? Warum?

Modifikation
Während der Übung seine Anstrengungen kommentieren bzw. auch stöhnen.

Notizen

Nonverbale Übung

Reaktionsschnelligkeit • Konzentration

Material
verschiedene Tageszeitungen, Illustrierte, Radiorecorder/CD-Player, Powermusik

Durchführung
Die Gruppenteilnehmer nehmen sich jeweils eine Zeitung und rollen sie zusammen. Wenn die Musik spielt, sollen sich die Teilnehmer durch den Raum bewegen. Mit der Zeitung soll auf die Zeitung des Gegenübers geschlagen werden, der gerade den Weg kreuzt.

Reflexion
- Warum habt ihr euch so engagiert beteiligt?
- Wie habt ihr euch dabei gefühlt?

Modifikation
Wenn z.B. zwei Bögen aus der Tageszeitung zu einem Rechteck gefaltet werden, können die Teilnehmer auch auf den Körper schlagen; es muß darauf geachtet werden, nicht das Gesicht eines Teilnehmers zu treffen.

Notizen

Phantasiereisen

Kreativität • Phantasie • Einfühlung

Material
Decken, Kissen, Radiorecorder/CD-Player, entspannende Musik

Durchführung
Die Gruppenteilnehmer legen sich auf ihre Decken und Kissen, die sie auf dem Fußboden plaziert haben. Dabei zeigen ihre Köpfe zur Mitte, so daß ein Rad entsteht. Jeder soll bequem liegen, genügend Raum haben und sich entspannen können. Die ersten 15 Minuten dienen der Entspannung, wobei leise Musik spielt.

Der Seminarleiter oder ein Gruppenteilnehmer beginnt, eine Phantasiegeschichte zu erzählen. Dabei kann er die anderen Teilnehmer mit einbeziehen oder plötzlich abbrechen, so daß ein anderer Teilnehmer die Phantasiegeschichte fortsetzt usw.

Reflexion
- Konntest du dich entspannen?
- Wie fühltest du dich bei dieser Übung?
- War es für dich ein Problem, die Geschichte fortzusetzen?

Modifikation
Es können auch Geschichten aus dem Leben der Teilnehmer sein.

Notizen

Blinden führen II

Sensitivität • Vorsicht

Durchführung

Es werden Dreiergruppen unter den Teilnehmern gebildet. Ein Gruppenteilnehmer beginnt mit der Blindenführung der beiden anderen Teilnehmer. Nach 5 Minuten erfolgt ein Wechsel.

Nach 15 Minuten verdoppeln sich die Gruppen, so daß es eine Sechsergruppe wird. Findet diese Übung im Freien statt, können sich die Gruppen weiter vergrößern.

Reflexion

- Hattest du Schwierigkeiten bei der Führung von immer größer werdenden Gruppen?
- Konnten die Blinden ihrem Führer vertrauen?
- Was waren die Hemmschwellen?

Modifikation

Im Freien kann auch das Tempo gesteigert werden.

Die Übung kann auch nonverbal durchgeführt werden.

In der Dreiergruppe können auch Augenbinden/Masken eingesetzt werden.

Notizen

Diagnostik

Selbst- und Fremdwahrnehmung

Material
DIN A 4-Blätter, Bleistifte, Radiergummi, Kugelschreiber

Durchführung
Jeder Gruppenteilnehmer soll sein DIN A 4-Blatt in 3 gleichgroße Felder aufteilen. In das oberste Drittel werden der Begriff Symptomatik, ins zweite Drittel mögliche Ursachen, ins letzte Drittel (Therapie-)Ziele eingetragen.

Jeder Teilnehmer sucht sich einen Einzelplatz und füllt in Ruhe seinen Bogen aus. Die Gruppe trifft sich anschließend im Plenum.

Reflexion
- Wer möchte, stellt seine eigene Diagnostik vor.
- Die Gruppenteilnehmer können ergänzen.
- Diskussion über Zieldefinitionen.

Modifikation
Nur die Stärken auflisten.
Ausgefüllten Diagnosebogen mit vorgegebenen Kategorien verwenden, so daß die Teilnehmer nur ankreuzen müssen.
Aufteilung in Subgruppen.

Notizen

Phantasiereise

Phantasie • Vorstellungskraft • Fiktive Hindernisse bewältigen

Material
Knautschsäcke, Radiorecorder/CD-Player, entspannende Musik

Durchführung
Jeder Gruppenteilnehmer nimmt sich einen Knautschsack und sucht sich einen Platz. Die ersten 10 Minuten dienen zur Entspannung, wobei entspannende Musik läuft.

Der Seminarleiter oder ein Gruppenteilnehmer erzählt von einer Reise mit Hindernissen (z.B. Bergtour mit extremen Hindernissen, Surfen bei hohem Wellengang, Schiff oder Yacht bei extremen Wetterverhältnissen, Flug bei schwierigen Windverhältnissen ...).

Die Reise sollte 10-20 Minuten dauern.

Reflexion
Die Teilnehmer bilden mit ihren Knautschsäcken einen Kreis und geben Rückmeldung, wie es ihnen auf der Reise bei der Bewältigung ihrer extremen Hindernisse ergangen ist.

Modifikation
Es können auch Reisen durch Höhlen, unterirdische Gänge mit Hindernissen oder Röhren, die immer enger werden, verwandt werden.

Notizen

Sinneswahrnehmung

Taktile Wahrnehmung • Geschmackswahrnehmung

Material

Sand, Salz, Eis, Brot, Zitronenscheiben, Möhren, Lutscher usw., große Schüsseln, Knautschsäcke

Durchführung

Die Gruppenteilnehmer bilden mit ihren Knautschsäcken einen großen Kreis. Jeder Teilnehmer soll sich zunächst einmal richtig entspannen und tief durchatmen. Legt euch auf den Rücken, schließt die Augen und atmet so tief wie möglich durch. Achtet darauf, welche Wirkung die größere Sauerstoffzufuhr auf euren Körper hat. Nach 15minütiger Entspannungsphase kann ein Freiwilliger den Raum verlassen. Dort bekommt er eine Augenbinde und wartet, bis er hereingeholt wird.

Inzwischen entscheidet die Gruppe, in welcher Reihenfolge er welche aufgeführten Artikel wahrnehmen und benennen soll.

Die Gruppe legt z.B. fest:

1. Brot essen,
2. Händewaschen im Sand (große Schüssel),
3. Eis fühlen,
4. in eine Zitronenscheibe beißen.

Der Blinde wird hereingeführt und setzt sich auf einen Stuhl, der in der Mitte des Raumes steht. Der Seminarleiter oder ein Gruppenteilnehmer gibt ihm die entsprechenden Instruktionen, worauf er seine Wahrnehmung gegenüber der Gruppe deutlich macht. Danach erfolgt die Reflexion.

Reflexion

- Wie hast du dich in dieser Situation gefühlt?
- Warst du entspannt oder angespannt?
- Wie war die Geschmackswahrnehmung?
- Wie war deine taktile Wahrnehmung?
- Konntest du aufgrund der vorherigen Entspannungsphase konzentrierter und bewußter wahrnehmen?

Modifikation
Es können auch andere Dinge wie Knete, Körner, Wacholderbeeren usw. eingesetzt werden.

Notizen

...enpost

...Sensitivität • Kommunikation • Geschicklichkeit

Material
Flaschen mit Korken, Draht, Zettel, verschiedenfarbige Filzstifte, Knautschsäcke

Durchführung
Jeder Gruppenteilnehmer sucht sich mit seinem Knautschsack einen Platz im Raum und macht es sich bequem. Jeder nimmt sich einen Zettel, Stift, Draht und eine Flasche mit an seinen Platz.

Stellt euch vor, jeder von euch befindet sich auf einer unbewohnten Insel und es besteht keine Möglichkeit, die Insel zu verlassen. Eines Tages findet ihr eine Flasche mit Korken. Das ist die einzige Chance, um mit der Außenwelt Kontakt aufzunehmen. Stift und Zettel habt ihr noch. Was ist für jeden von euch die wichtigste Botschaft, um sie anderen mitzuteilen?
Jeder Teilnehmer steckt seinen beschriebenen Zettel in die Flasche, verschließt sie und wirft sie ins Meer, bzw. rollt sie in die Mitte des Raumes.

Ihr legt euch auf einen Knautschsack, entspannt euch und denkt darüber nach, ob es die richtige Botschaft war, die ihr geschrieben habt.

Plötzlich wird eine Flasche an die Insel gespült. (Der Seminar- oder Gruppenleiter verteilt die Flaschen beliebig und achtet darauf, daß keiner seine eigene Flasche erhält.) Ihr springt auf, angelt die Flasche und versucht mit eurem Draht, den Zettel aus der Flasche zu holen. Bringt euren Zettel ins Plenum.

Reflexion
Die Teilnehmer lesen abwechselnd ihre Botschaften vor und raten, wer der Absender war. Die Gruppe analysiert und interpretiert diese Mitteilung. Der Schreiber erklärt, warum ihm diese Botschaft wichtig war.

Modifikation
Statt Flaschen können auch Kuverts (möglichst farbige) verwendet werden.

Tiger, Katze, Maus

Selbstwahrnehmung • Selbsteinschätzung • Internalisierte Normen und Werte

Material

Schreibunterlage, DIN A 4-Blätter, Bleistifte, Radiergummi, Textmarker

Durchführung

Jeder Gruppenteilnehmer soll ein Blatt in drei Spalten durch senkrechte Linien aufteilen. Darüber setzt er drei Kästchen und beginnt von links nach rechts mit **Tiger, Katze, Maus**.

Zur Kategorie des Tigers führt er z.B. selbstsicher, überlegen, intolerant, fordernd usw. auf.
Unter Katze schreibt er wohlwollend, hilfreich, pflegend, unterstützend usw.
Der Maus ordnet er Begriffe wie unsicher, introvertiert, gutes Gespür, flink usw. zu.

Nachdem jeder Teilnehmer aufgelistet hat, was ihm zu den Tierarten eingefallen ist, ordnet er sich einem Tier zu, indem er das Kästchen farbig markiert.

Reflexion

Jeder Teilnehmer stellt sein „Tier", mit dem er sich identifiziert hat, im Plenum vor und erklärt, warum und weshalb.

Die Gruppe gibt Rückmeldung darüber, wie sie ihn erlebt.

Modifikation

Diese Übung unter Berücksichtigung des familiären, beruflichen oder sportlichen Aspekts durchführen.

…chnung

…wahrnehmung • Empathie

Material
Zeichenblock DIN A 2, Bleistifte, Radiergummi, Anspitzer, Buntstifte

Durchführung
Stellt euch vor, ihr könntet zaubern. Ihr habt die Möglichkeit, jeden Gruppenteilnehmer einzeln in ein bestimmtes Tier zu verzaubern. Überlegt vorher gut, welche Eigenschaften Mensch und Tier gemeinsam haben, bevor ihr eure Zuordnung vornehmt und zeichnerisch umsetzt.

Reflexion
Ein Teilnehmer beginnt, d.h. er schickt zunächst seine Zeichnung in die Runde. Anschließend legt er die Zeichnung auf den Fußboden, so daß die richtige Seite (Ausgangsposition beim Malen) zu ihm zeigt, damit er mit seiner Zeichnung arbeiten kann. Zunächst beschreibt er das Tier mit seinen Eigenschaften, Fähigkeiten, sagt den Namen dieser Person und beschreibt die Eigenschaften, Fähigkeiten und Fertigkeiten der genannten Person. Die betreffende Person aus der Gruppe nimmt Stellung dazu, korrigiert, ergänzt und äußert weitere Merkmale. Weitere Rückmeldungen durch die anderen Gruppenteilnehmer.

Modifikation
Als Obst und Gemüse verzaubern und entsprechend darstellen.

Notizen

Selbsteinschätzung

Selbst- und Fremdwahrnehmung

Material
Schreibunterlage, DIN A 4-Blätter, Bleistifte, Radiergummi, Kugelschreiber, Textmarker, Knautschsäcke

Durchführung
Es sollen sich spontane Dreiergruppen bilden. Jede Subgruppe nimmt ihre Knautschsäcke und sucht sich einen Platz im Haus. Zunächst soll jeder Gruppenteilnehmer für sich aufschreiben, was er glaubt, welche Fertigkeiten und Fähigkeiten, Charaktereigenschaften, äußere Merkmale andere Menschen an ihm mögen. Dabei teilt er sein Blatt, indem er eine senkrechte Linie in der Mitte des Blattes zieht. Auf die linke Seite schreibt er Selbsteinschätzung, auf die andere Seite Fremdeinschätzung.

Reflexion
Zunächst tauschen die Teilnehmer ihre Ergebnisse in den Dreiergruppen aus und geben sich gegenseitig darüber Rückmeldung, inwieweit Selbst- und Fremdeinschätzung übereinstimmen. Die Fremdeinschätzung notiert sich jeder Teilnehmer auf der rechten Seite seines Blattes und hat somit den direkten Vergleich vor Augen. Eine direkte Auswertung soll in der Dreiergruppe stattfinden, wobei Übereinstimmungen, Abweichungen, völlig andere Einschätzungen etc. mit farbigen Stiften markiert werden. Im Anschluß daran stellen sich einige Dreiergruppen im Plenum vor. Im Plenum können Ergänzungen, Bestätigungen usw. formuliert werden.

Modifikation
Negative Selbsteinschätzung.
Wie möchte ich, daß mich andere sehen?

Motivation

Selbstwahrnehmung • Fremdwahrnehmung • Transfer • Wertvorstellungen

Material
Schreibunterlagen, DIN A 4-Blätter, Bleistifte, Radiergummi, Kugelschreiber, Knautschsäcke

Durchführung
Die Gruppenteilnehmer bedienen sich o.g. Materialien und suchen sich einen Platz im Raum. Der Seminarleiter hält einen kurzen Vortrag, der z.B. die berufsbezogene Motivation vor und im Studium, das Engagement als Berufsanfänger usw. beinhaltet. Jeder Teilnehmer möge sein Blatt in zwei Hälften teilen. Auf eine Seite schreibt er motivationale Inhalte, die ausschlaggebend waren, um den jetzigen Beruf zu ergreifen. Nach einer Phase reichlicher Überlegung beginnt jeder, die andere Hälfte auszufüllen, indem er seine heutige Motivation aus der Praxis heraus beschreibt.

Reflexion
Die Teilnehmer stellen reihum ihre Ergebnisse vor.

- Warum gibt es diese starken Diskrepanzen?
- Was war dafür ausschlaggebend?
- Weitere Gründe/Ursachen?
- Hast du eine Erklärung dafür?
  Rückmeldung durch die Gruppe.

Modifikation
Das Thema ganz allgemein und somit offen lassen.
Den Inhalt auf bestimmte Lebensbereiche festlegen, z.B. Familie, Verein, Partner, Kirche ...

Notizen

Verbales Geschenk

Empathie • Sensibilität • Selbstwahrnehmung • Fremdwahrnehmung

Material
Recorder/CD-Player, entspannende Musik, Knautschsäcke

Durchführung
Die Gruppenteilnehmer bilden eine Runde und setzen sich entspannt auf ihre Knautschsäcke. Dabei läuft entspannende Musik.

Reflexion
Die Teilnehmer äußern abwechselnd, was jeweils einem anderen gut tun würde, nachdem sie sich vorher einen Eindruck aufgrund seiner Gestik, Mimik, Körperhaltung gemacht haben. Die Äußerung soll ein verbales Geschenk sein. Anschließend gibt der Beschenkte Rückmeldung darüber, inwieweit die genannten Äußerungen zutreffen.

Modifikation
Verbales Geschenk durch die ganze Gruppe für jeweils einen Teilnehmer.

Notizen

Erfolg

Sensibilität • Wahrnehmung

Material
Recorder/CD-Player, entspannende Musik, Knautschsäcke

Durchführung
Jeder Gruppenteilnehmer nimmt seinen Knautschsack und sucht sich einen Platz seiner Wahl. Er macht es sich bequem und versucht sich zu entspannen, während die Musik spielt. Die Frage lautet, was bedeutet Erfolg für jeden persönlich? Nach 15 Minuten treffen sich die Teilnehmer im Plenum.

Reflexion
- Was ist für dich Erfolg?
- Was bedeutet dir Erfolg?
- Was bewirkt der Erfolg?
- Wie definierst du Erfolg?
- Was ist der Preis für deinen Erfolg?
  Diskussion über die Wertigkeit von Erfolg, über werten und bewerten von Erfolg, subjektive Wahrnehmung ...

Modifikation
Umkehrung des Inhalts bezüglich des Themas Niederlagen.

Notizen

Lebensabschnitt

Sensitivität • Sensibilität

Material
DIN A 4-Blätter, Wachsmalkreiden, Eddings

Durchführung
Neben den normalen Lebensabschnitten wie Kindergarten, Grundschulzeit, weiterführende Schule, Studium, Praktika, Berufseintritt, Ehe ... gibt es weitere Ereignisse im Leben eines Menschen, die als ein besonderer Lebensabschnitt zu bezeichnen sind. Jeder Teilnehmer nimmt sich ein Blatt und unterteilt es durch senkrechte Linien in drei Teile. Jeder Teil steht für ein Drittel eures Lebens. Die ersten beiden Drittel verwendet für eure Vergangenheit, das letzte Drittel für eure Zukunft. D.h. plant eure Zukunft realistisch im Hinblick z.B. auf Karriere, sportliche Leistungen usw.

Reflexion
- Bist du mit dem Verlauf der ersten beiden Drittel bzw. deines Lebens zufrieden?
- Hätte dein Leben besser verlaufen können?
- Warum? Wie?
- Ist deine Zukunftsplanung realistisch?
- Gibt es Ansätze dafür?
- Liegen bei dir noch weitere Ressourcen, die du bisher noch nicht berücksichtigt hast?
- Gibt es noch weitere Möglichkeiten der Optimierung?

Modifikation
Für eine gezieltere Differenzierung die Unterteilung des Blattes in weitere Felder bzw. Streifen vornehmen.
Es können auch kleinere Felder als Rechtecke gezeichnet werden, um den Lebenslauf darzustellen.

Ich habe ...

Zufriedenheit, die mit materiellem Besitz zu tun hat

Durchführung
Die Gruppe sitzt im Plenum zusammen. Ein Gruppenteilnehmer beginnt mit der Äußerung: „Ich habe ein schönes Motorrad.“ Der linke Nachbar setzt die Kette fort und sagt: „Ich habe eine edle Stereoanlage.“

Reflexion
- Bist du mit deinen anderen Besitztümern zufrieden?
- Bist du mit deinem Einkommen zufrieden?
- Geht es dir materiell gesehen gut?
- Kennst du persönlich andere Menschen, denen es materiell schlechter geht?

Diskussion über den Sinn und Unsinn der materiellen Werte, die das Leben „lebenswert“ machen.

Modifikation
Umkehrung des Inhalts, bezogen auf ideelle Werte.

Notizen

Körperübung

Druck und Gegendruck ausüben und aushalten

Durchführung
Jeder Gruppenteilnehmer sucht sich einen Partner seiner Wahl. Die Partner setzen sich Rücken an Rücken auf den Boden, haken ihre Arme ineinander und versuchen, dabei aufzustehen.

Reflexion
- Wie konntest du mit Druck und Gegendruck umgehen?
- Wie war die Nähe zum Partner?
- Wie konntest du damit umgehen?

Modifikation
Als Kleingruppe sich stützend vom Fußboden nach oben bewegen.

Notizen

Lebenserfahrung

Normen • Werte • Menschen-Weltbild

Material
DIN A 4-Blätter, Eddings (verschiedene Farben)

Durchführung
Die Gruppe sitzt im Halbkreis, so daß alle Teilnehmer die an die Wand gehefteten Blätter sehen können. Die Aufgabe lautet: Jeder Gruppenteilnehmer möge auf eines der Blätter einen Satz schreiben, der für sein Leben von fundamentaler Bedeutung ist. Die Sätze werden nacheinander aufgeschrieben.

Reflexion
Jeder Teilnehmer liest seinen Satz laut vor und erklärt, warum und weshalb ihm diese Aussage wichtig ist. Dabei soll er sein Menschen- und Weltbild, seine Normen und Werte zum Ausdruck bringen. Die Gruppe gibt ihm dazu Rückmeldung.

Modifikation
Aussage zu einem Lebensabschnitt oder zu speziellen Lebensbereichen geben.

Notizen

Glückssekunden

Sensitivität • Sensibilität

Material

farbige Fotokartons, farbige Eddings (auch Fine Liner), Scheren (verschiedene Größen), Klebstoff, Recorder/CD-Player, entspannende Musik, Knautschsäcke

Durchführung

Jeder Gruppenteilnehmer nimmt sich, während die Musik leise im Hintergrund spielt, einen Knautschsack und macht es sich bequem. Jeder soll für ca. 15 Minuten die Augen schließen und überlegen, wann er das letzte Mal Glückssekunden verspürt hat.

Wer will, hat im Anschluß daran die Möglichkeit, etwas Symbolisches oder Gegenständliches zu seinen erlebten Glückssekunden zu zeichnen, zu schreiben, zu basteln ...

Reflexion

Die Teilnehmer sitzen auf ihren Knautschsäcken in der Runde zusammen.

- Konntest du dich gut an deine letzten Glückssekunden erinnern?
- Was ist Glück?
- Wie empfindest du Glück?
- Was empfindest du mit deinem Leib, deiner Seele, deinem Geist?
- Wie wichtig ist Glück?
- Wie wichtig ist Glück in Beziehungen, in der Familie, in der Gruppe?
- Wie teile ich es anderen mit, wenn ich glücklich bin?

Modifikation

Zur Einführung in das Thema eine Geschichte lesen oder erzählen, in deren Verlauf Glückssekunden vorkommen.
Diskussion über Glück/Glückssekunden/Werte.

Wert

Normen • Werte • Wahrnehmung

Material
Karteikarten (DIN A 5) mit einem Wert, d.h. einem Begriff, unbeschriftete Karteikarten, Bleistifte, Radiergummi, Kugelschreiber

Durchführung
Es werden Subgruppen (Dreier- oder Vierergruppen) gebildet.
Jede Subgruppe zieht sich eine Karteikarte, auf der ein Wert, z.B. Schönheit, Freiheit, Geld, Liebe, Weisheit ... steht. Zu diesem Wert soll jede Subgruppe eine Metapher, Analogie, ein Märchen oder einen Mythos entwickeln und schriftlich in Stichpunkten oder ausführlich fixieren.

Reflexion
Ist dieses abgeschlossen, trägt jede Subgruppe ihr Ergebnis im Plenum vor. Vergleich und Rückmeldung durch die anderen Subgruppen.

Modifikation
Es werden zum jeweiligen Wert Kurzgeschichten geschrieben, die eine unmittelbare gesellschaftliche Relevanz besitzen.

Notizen

Dialog

Selbstwahrnehmung • Kreativität

Material
Malblätter DIN A 2, bunte Pappen DIN A 2, Eddings in verschiedenen Farben, Bleistifte, Buntstifte, Anspitzer, Radiergummi, Lineale

Durchführung
Die Gruppenteilnehmer bekommen die Aufgabe, die wichtigsten Ereignisse, z.B. Hochzeit, Krankheit, Geburt usw., aus ihrem Leben zu zeichnen.

Reflexion
Im Plenum stellt jeder Teilnehmer sein Bild vor und erklärt seine einzelnen Zeichnungen oder seine Gesamtzeichnung. Auswertung durch die Gruppe.

Modifikation
Erklärende Stichpunkte aufschreiben und dazu eine Zeichnung anfertigen.

Notizen

Hintermänner

Kommunikation • Selbst- und Fremdwahrnehmung • Druck und Gegendruck

Material

Zeichenblock, Ölkreiden

Durchführung

Die Gruppe arbeitet an Tischen. Der Seminarleiter führt in das Thema „Hintermänner" am Arbeitsplatz ein.

Gibt es in deiner Einrichtung Kollegen, Vorgesetzte, die sogenannte Hintermänner sind? D.h. hinter dir steht einer, hinter dir geht einer. Dreh dich um!

Zeichne deinen Hintermann oder die Hintermänner skizzenhaft. Beantworte dazu die an der Wand aufgelisteten Fragen unterhalb deiner Zeichnung.

Folgende Fragen hat der Seminarleiter bereits vor Beginn der Sitzung auf ein großes Blatt geschrieben:

- Welche Botschaft senden dir deine Hintermänner?
- Wie reagierst du darauf?
- Wie gehen deine Hintermänner mit deinen Botschaften um?
- Wer sind deren Hintermänner?
- Was glaubst du, wie sich die Hintermänner in 5 Jahren verhalten?

Reflexion

Jeder Teilnehmer stellt seine skizzierten Hintermänner vor und beschreibt diese. Im Anschluß daran erläutert er die Fragen und nimmt dazu Stellung. Auswertung durch die Gruppe.

Modifikation

Hintermänner in der Kirche, im Verein, in der Familie ...

Positive und negative Anteile in mir

Selbstwahrnehmung • Selbstreflexiom

Material
DIN A 4-Blätter, Bleistifte, Radiergummi, Kugelschreiber, Schreibunterlage, Knautschsäcke

Durchführung
Die Gruppenteilnehmer suchen sich einen Platz im Raum, wo sie gerne sitzen möchten. Jeder Teilnehmer bedient sich o.g. Materialien, teilt sein DIN A 4-Blatt in zwei Hälften (positiv und negativ auf).

Es sollen positive und negative Anteile aufgelistet bzw. gegenübergestellt werden, die ausschließlich in der eigenen Person enthalten sind.

Reflexion
- Welche Anteile dominieren?
- Was heißt das für dich?
  Vergleich mit den anderen Teilnehmern.
- Wo sind die häufigsten Überschneidungen?
  Auflistung am Flipchart.
- Wo besteht Veränderungsbedarf?

Modifikation
Eingrenzung des Themas, z.B. positive und negative Anteile innerhalb meines Berufslebens, meiner Familie ...

Notizen

Surprise

Wahrnehmung • Empathie • Überraschung

Material
große farbige Pappen/Fotokarton, DIN A 1-Blätter weiß, Acrylfarben/Plakalack, Eddings (verschiedene Farben), verschiedene Zeitschriften, Stoffreste (uni und bunt), Scheren, Klebstoff, Tacker, Cuttermesser

Durchführung
Ohne inhaltliche Vorgabe sollen die Teilnehmer für ihren Lebenspartner/Elternteil eine Überraschung bzw. ein Geschenk bereiten. Dabei haben sie vielfältige kreative Möglichkeiten (Collage, Zeichnung, Bastelarbeiten ...).

Reflexion
- Warum bekommt er/sie dieses Bild/Collage ...?
- Was hast du dabei empfunden?
- Wie geht es dir mit der Aussage des Bildes?

Modifikation
Thematische Eingrenzungen vornehmen.
Vorgabe von z.B. zwei Materialien.

Notizen

Who

Wahrnehmung • Kommunikation

Material
Karteikarten, Kugelschreiber, Filzstifte, Hut

Durchführung
Die Gruppenteilnehmer schreiben ihre Namen auf die Karteikarte, falten sie einmal und legen diese in den Hut. Nach dieser Runde wandert der Hut zurück, d.h. von einer Person zur anderen, wobei sich jeder Teilnehmer ein Kärtchen herausnimmt.

Auf die Karteikarte sollen zwei Merkmale zur Person (s. Namen) geschrieben werden, z.B. Haarfarbe, Brille, Pickel ...

Reflexion
Im Anschluß lesen die Teilnehmer nacheinander ihre Beschreibung vor, wobei die anderen raten sollen, um wen es sich handelt.

Modifikation
Erweiterung der Merkmale; zeichnen der Merkmale.

Notizen

Phantasiereise

Wahrnehmung

Material
verschieden große Blätter, Bleistifte, Radiergummi, Ölmalkreiden, Eddings

Durchführung
Der Gruppenleiter erzählt eine Phantasiereise mit entspannenden Elementen. Jeder Gruppenteilnehmer soll sich mit dem Inhalt der Reise auseinandersetzen und das, was für ihn bedeutsam und wichtig war, zeichnen.

Reflexion
- Konntest du dich entspannen?
- Wie hast du dich gefühlt?
- Anhand der Zeichnung Interpretation zulassen.
- Abschließend erfolgt Korrektur und Ergänzung durch den Zeichner.

Modifikation
Einsatz von Märchen.
Modifikation von Märchen mit z.B. Entspannungselementen.
Schriftliches Fixieren der Inhalte.

Notizen

Future

Visualisieren • Konstruieren • Bauen • Nonverbale Übung • Rücksichtnahme • Kreativität

Material

Materialien aus der Umwelt (Zeitung, Pappröhren, Dosen, Klötze, Styropor ...), Materialien aus der Natur (Steine, Zweige, Blätter, Gras ...), Materialien, die sich formen lassen (Ton, Knete ...), diverse Materialen (Luftballons, Draht, Nägel ...), verschiedene Werkzeuge (Hammer, Zange, Säge, Bohrer ...), verschiedene Klebstoffe

Durchführung

Jeder Gruppenteilnehmer soll sich Gedanken über seine Zukunft machen. Nach Möglichkeit soll sich jeder den Bereich wählen, wo er die größte Expansion erwartet, z.B. Familienplanung, Karriere aufbauen, sportliche Leistungssteigerung ...

Die Aufgabe besteht darin, daß jeder Teilnehmer ein Höchstmaß an kreativer Leistung im Hinblick auf abstrakte Gestaltung zeigt. Zur Auswahl stehen o.g. Materialien und Werkzeuge. Bei dieser Übung wird nicht verbal kommuniziert.

Reflexion

- War es für dich schwierig, daß du bei dieser Übung nicht verbal kommunizieren durftest?
- Wie war die Verständigung?
- Wie war die Kooperation im Hinblick auf das gegenseitige Ausleihen der Werkzeuge und der Materialien?
- Warum hattest du Probleme bei der abstrakten Gestaltung?
- War es für dich das richtige Material?

Jeder stellt sein Objekt vor und beschreibt es
a) formal,
b) inhaltlich.

Modifikation

Diese Übung läßt sich auch ausschließlich zeichnerisch darstellen oder in Form eines Aufsatzes beschreiben.

Ich habe ..., ich kann ..., ich bin ...

Selbstwert • Ich-Kompetenz • Positive Eigenschaften

Durchführung

Die Gruppenteilnehmer sitzen in einer Runde zusammen.
Jeder Teilnehmer hat die Möglichkeit, über sich selbst eine positive Aussage zu machen. Er soll eine seiner Stärken oder äußeren Merkmale in den Vordergund stellen, die unmittelbar mit seiner Person zu tun haben, z.B.: „Ich kann hervorragend Schach spielen“, „Ich habe schöne lange Haare“, „Ich bin gut durchtrainiert“ ...

Ein Teilnehmer beginnt, jeweils der rechte Nachbar setzt die Reihenfolge fort.

Reflexion

- Fiel es dir schwer, dich selbst mit einer deiner positiven Eigenschaften/Merkmale in den Vordergrund zu stellen?
- Fällt es dir grundsätzlich schwer, dich selbst zu loben?
- Bist du dir über deine Stärken bewußt?

Rückmeldung durch die Gruppe über weitere Vorzüge eines jeden Teilnehmers.
Bei Bedarf Diskussion über Selbstkonzept/Selbstwert/sich selber loben/erzieherische und gesellschaftliche Einflüsse.

Modifikation

Eingrenzung der Inhalte, z.B. auf ausschließlich äußere Merkmale.

Notizen

Windmühle

Sensibilität • Selbst-Fremdwahrnehmung • Kommunikation • Soziale Wahrnehmung

Material

Knautschsäcke

Durchführung

Die Gruppe bleibt mit ihren Knautschsäcken im Plenum. Der Seminarleiter erzählt den Gruppenteilnehmern eine Geschichte, d.h. sie befinden sich gemeinsam auf einem Ausflug, um eine alte Windmühle zu besichtigen. In ihrer Phantasie erleben die Teilnehmer, wie sie innerhalb der Windmühle die steile Holztreppe hinaufsteigen. Diese Windmühle hat eine Besonderheit, es gibt etliche Fenster. Aus jedem Fenster hat der Betrachter einen besonderen Ausblick auf die Umgebung: „Stellt euch vor, daß ihr aus jedem Fenster einen anderen Ausblick auf eure Ist-Situation habt. Ich gehe mit euch von Fenster zu Fenster. Dabei sehen wir im ersten Fenster unsere berufliche Situation. Im zweiten Fenster sehen wir unsere familiäre Situation. Im dritten Fenster sehen wir unser soziales Engagement. Im vierten Fenster sehen wir unsere sportlichen Aktivitäten. Im fünften Fenster ...“

Nun sind wir oben angelangt und haben verschiedene Verarbeitungsprozesse auf unterschiedlichen Ebenen bzw. Stockwerken kennengelernt.

Reflexion

Du hast verschiedene Ist-Zustände aus deinem Lebenskontext gesehen.

- Was ist dir während der Besichtigung besonders deutlich geworden?
- Welcher Ist-Zustand bereitet dir z.Z. die größten Probleme?
- Wie sieht das konkret aus?
- Welchen Zustand wünschst du dir herbei?
- Was glaubst du, was du verändern kannst?
- Welche Möglichkeiten siehst du?
- Was ist dir die Sache wert?
- Was mußt du dafür investieren?
- Wie kannst du das in Handlungsschritte umsetzen?

Modifikation

Reduzierung der Aussichten, d.h. beispielsweise nur zwei soziale Ist-Zustände.

Notizen

Soziale Fenster

Soziale Wahrnehmung • Selbst-Fremdwahrnehmung

Material
DIN A 1-Blätter, Eddings (verschiedene Farben), Lineale oder große Leisten

Durchführung
Die Gruppe sitzt an Arbeitstischen im Plenum. Stellt euch vor, ihr schaut aus Fenstern einer Schule oder einer anderen Institution ... Es sind 4 soziale Fenster. Unterteilt euer Blatt in vier Felder, so daß 4 Fenster entstehen. Malt eine Unterteilung in jedes Fenster als Oberlicht. Das Oberlicht dient als Kategorie. Schreibt folgendes in jeweils eine Kategorie:

- So, wie meine Kollegen mich sehen.
- So, wie ich will, daß meine Kollegen mich sehen.
- So, wie ich bin.
- So, wie ich sein will.

Nun schreibt in jedes Fenster eure Überlegungen.

Reflexion
Nach und nach stellen die Teilnehmer ihre Fenster vor, die vorab an die Wand geheftet wurden. Analyse und Auswertung durch die Gruppe.

- Wo gibt es im Vergleich mit anderen Teilnehmern Parallelitäten?
- Wo gibt es im Vergleich mit anderen Teilnehmern Diskrepanzen?

Modifikation
Andere soziale Fenster wie Familie, Kirche, Verein ...

Notizen

Index

Lebensgeschichte • Lebenskonturen • Selbstwahrnehmung • Selbstreflexion

Material
Schreibunterlage, DIN A 4-Blätter, Bleistifte, Kugelschreiber, Textmarker

Durchführung
Jeder Gruppenteilnehmer stellt sich vor, er wolle eine Autobiographie schreiben. Dafür muß jeder ein Inhaltsverzeichnis schreiben. Jeder Teilnehmer überlegt sich Kapitelüberschriften, die er farbig markieren kann und bildet Unterpunkte dazu.

Reflexion
Darstellung, Analyse und Auswertung in und durch die Gruppe.

- Gibt es bei einigen von euch Parallelen?
- Was ist dir in deinem Index besonders wichtig?
- Worauf kommt es dir an?
- Was ist deine Kernaussage?
- Wie verläuft der Spannungsbogen?
- Ist dein Index absolut authentisch?
- Welche Unterpunkte waren für dich schwer zu beschreiben?
- Warum? Weshalb?

Modifikation
Ausschließlich Grobkategorien bilden.

Notizen

Landkarte

Lebensentwicklung • Entwicklungsverläufe • Lebensziele • Motivation

Material

DIN A 2-Pappen (verschiedene Farben), Eddings (verschiedene Farben), Klebepunkte (verschiedene Farben), Bleistifte, Anspitzer, Radiergummi

Durchführung

Jeder Gruppenteilnehmer soll seine beruflichen und privaten Ziele in Form einer Landkarte malen. Symbolisch können Städte, Flüsse, Seen, Berge ... als Fixpunkte, Hindernisse eingezeichnet werden. Ebenso können Straßen eingezeichnet werden, die den Entwicklungsverlauf, d.h. erreichte Ziele kennzeichnen.

Reflexion

Auswertung der Landkarten im Plenum.
Analyse und Rückmeldung durch die Gruppe.
Wenn notwendig, Aufarbeitung von Enttäuschungen, Verletzungen, Irritationen, Ängsten ...

Modifikation

Bearbeitung und Reflexion in Subgruppen möglich.

Notizen

Kindheitserlebnisse

Erinnerung • Vorstellungskraft • Selbstwahrnehmung

Material
Radiorecorder/CD-Player, entspannende Musik, DIN A 4-Blätter, Schreibunterlagen, Bleistifte, Kugelschreiber, Knautschsäcke

Durchführung
Jeder Gruppenteilnehmer nimmt sich einen Knautschsack und sucht sich einen Platz im Raum. Zunächst soll sich jeder Teilnehmer 15 Minuten entspannen, während leise die Musik spielt. Der Seminarleiter gibt die Aufgabe, jeder möge sich ein Paar seiner Kinderschuhe vorstellen, die er einmal getragen hat.

Was ist dir in deiner Kindheit begegnet, als du mit diesen Schuhen unterwegs warst? Welche einschneidenden Ereignisse gab es? Was war besonders positiv/negativ?

Schreibt eure Erinnerungen, aber auch eure Empfindungen auf.

Reflexion
Die Gruppe trifft sich im Plenum. Vorstellen der Ergebnisse und Auswertung durch die Gruppe. Wenn erforderlich, schmerzliche Erfahrungen, seelische Verletzungen aufarbeiten.
Wird die Übung ohne Therapeuten durchgeführt, nicht so stark in die Tiefe gehen. (Es kann sein, daß sexueller Mißbrauch zum Thema wird.)

Modifikation
Nur positive/negative Erlebnisse schildern.

Notizen

Standorte

Verbalisieren • Vergangenheit • Gegenwart • Zukunft

Material
Knautschsäcke

Durchführung
Die Gruppenteilnehmer sitzen auf ihren Knautschsäcken im Plenum. Die drei Kategorien Vergangenheit, Gegenwart und Zukunft werden in drei Phasen beschrieben.

Der Reihe nach beschreiben die Teilnehmer zunächst ihre Vergangenheit, d.h. ihr Elternhaus.

Die zweite Phase beinhaltet die Gegenwart, d.h. in welcher Wohnung/ Haus, unter welchen Umständen ich jetzt lebe.

Abschließend wird die Zukunft beschrieben, d.h. die Teilnehmer beschreiben ihre Visionen/Phantasien/Wünsche, wo und wie sie einmal leben wollen.

Reflexion
Zunächst allgemeine Reflexion durch die Gruppe. Wer von den Teilnehmern das Bedürfnis hat, seinen Standort genauer zu bearbeiten, der soll es deutlich machen. Dabei soll derjenige den Fokus darauf legen, in welcher Zeit primär gearbeitet werden soll. Das schließt selbstverständlich nicht aus, daß auch die anderen Zeiten mit einbezogen werden. Es gibt keine starren Grenzen! Die Übergänge sind fließend.
Auswertung und Hilfestellung durch den Therapeuten.

Modifikation
Durchführung ist auch in Subgruppen möglich.

Ressourcenverteilung

Selbsteinschätzung • Wahrnehmung

Material
DIN A 3-Blöcke, Bleistifte, Radiergummi, Anspitzer, Filzstifte

Durchführung
Jeder Gruppenteilnehmer soll sich Gedanken darüber machen, wie er mit seinen Ressourcen umgeht.

Die Teilnehmer zeichnen einen Kreis auf ihr Blatt, wobei dieser Kreis wie ein Kuchen in Segmente aufgeteilt werden soll.

Die Größe jedes einzelnen Segments soll von der Energie abhängig sein, die in die jeweilige Tätigkeit investiert wird.

Reflexion
- Bist du mit deiner Verteilung zufrieden?
- Ist die Aufteilung realistisch?
- Was möchtest du ändern?
- Wie möchtest du das ändern?

Modifikation
Angst-Kuchen.
Aufteilung in Subgruppen.

Notizen

Gefühlskiste

Verbale und nonverbale Kommunikation • Selbst-Fremdwahrnehmung

Material

DIN A 1-Blätter, Eddings (verschiedene Farben), große Kiste mit 3 Fächern und unten stehende Fragen werden bereits vom Seminarleiter vorbereitet

Durchführung

Die Gruppenteilnehmer malen auf ihr Blatt eine große Kiste mit drei Fächern. Sie sollen symbolisch folgende Gefühlsfächer darstellen:

Fach 1: Gefühle von mir, die ich akzeptiere und äußere;
Fach 2: Gefühle von mir, die ich wahrnehme, aber nicht äußern möchte;
Fach 3: Gefühle, von denen ich nichts weiß.

D.h. die Eintragungen in die ersten beiden Gefühlsfächer macht jeder Teilnehmer für sich. Für das 3. Fach sucht sich jeder einen Partner, der ihm hilft, die unbekannten Gefühle zu entdecken bzw. zu beschreiben.

Reflexion

Auswertung durch die Gruppe.
Rückmeldung durch den Partner innerhalb des Plenums.

- Kannst du die Rückmeldung deines Partners akzeptieren?
- Stimmt das? Warum nicht?
- Eröffnet dir diese Rückmeldung eine neue Sichtweise über dich? Ist es für dich nachvollziehbar?

Modifikation

Gefühle symbolisch oder gegenständlich zeichnen.

Notizen

Blockaden

Sensibilität • Kommunikation • Selbst-Fremdwahrnehmung • Nonverbale Übung

Material
DIN A 1-Blätter, Eddings (verschiedene Farben und Stärken)

Durchführung
Die Gruppenteilnehmer sollen symbolisch ihre inneren und äußeren Blockaden auf einem DIN A 1-Blatt darstellen. Dazu malen sie ein imaginäres Publikum, d.h. wann und wo und vor welchen Personen treten die Blockaden auf. Bei dieser Übung wird nicht kommuniziert.

Reflexion
Jeder Teilnehmer zeigt sein Bild im Plenum und legt es anschließend vor sich auf den Fußboden. Die Gruppe analysiert und interpretiert das Bild des Teilnehmers, der sein Bild besprochen haben möchte. Im Anschluß daran bestätigt, korrigiert und beschreibt der Zeichner sein Bild.

Bei Notwendigkeit und Bedarf weitere Hilfestellung für den einzelnen durch die Gruppe.

Modifikation
Inhaltliche Vorgaben: z.B. Blockaden im Kollegium, beim Umgang mit anderen Menschen, mit dem Partner ...

Notizen

Frust

Frustration • Toleranz • Kommunikation

Material

Tonpapier, Fotokarton, Plakatkarton, Scheren (groß und klein), Cuttermesser, Schneideunterlagen

Durchführung

Zwei Gruppenteilnehmer sollen den Schuldirektor und den Stellvertreter darstellen. Die „Vorgesetzten" geben den „Lehrern" folgenden Arbeitsauftrag:

Fertigt für eine Kunstausstellung, die in Kürze in unserer Schule stattfinden soll, komplizierte geometrische Formen und Figuren an. Diese sollen als Vorlage für eure Schüler dienen. Ihr habt allerdings nur eine halbe Stunde Zeit. Damit ihr eure Vorlagen morgen im Unterricht einsetzen könnt, müßt ihr heute damit fertig werden. Deshalb seid möglichst kreativ und arbeitet schnell.

Reflexion

Die Gruppe sitzt im Plenum zusammen.
Der Direktor und sein Stellvertreter lassen sich die erarbeiteten Stücke von den Lehrern zeigen und erklären. Nachdem jeder Teilnehmer seine Arbeit dargestellt und abgegeben hat, beginnen die „Vorgesetzten", diese Arbeiten zu kritisieren. Dabei sollen sie die „Lehrer" beschimpfen, beleidigen ... und anschließend die kunstvoll angefertigten Formen und Figuren zerreißen und beschädigen.

Der Seminarleiter gibt den Hinweis, nun endlich aufzuhören und bietet sich als Prellbock für die angestauten Aggressionen an. Die Teilnehmer können ihren Frust und ihre Aggressionen frei äußern.

Geht es den Teilnehmern besser, wird eine Kaffeepause gemacht, bei der noch Reste ausdiskutiert werden können. Nach der Pause wird darüber im Plenum diskutiert, wem ähnliches im Arbeitsleben widerfahren ist.

Modifikation

Den ersten Teil der Übung nonverbal durchführen.

Musikmeditation

Selbstwahrnehmung • Sinneswahrnehmung • Nonverbale Übung

Material

Kassettenrecorder/CD-Player, entspannende Musik, Schreibunterlagen, DIN A-4 Blätter (farbig), Filzstifte (verschiedene Farben), Kugelschreiber, Knautschsäcke, Decken und Kissen

Durchführung

Die Gruppenteilnehmer nehmen sich einen Knautschsack oder Decken und Kissen und suchen sich einen Platz im Raum. Die Teilnehmer sollen sich entspannen, in sich hineinhören, während die Musik spielt. Anschließend soll jeder seine Gedanken, Erfahrungen in Prosa- oder Poesieform aufschreiben.

Reflexion

Jeder Teilnehmer berichtet, wie es ihm ergangen ist. Es werden Gedanken, Gefühle, Stimmungen ... beschrieben. Im Anschluß daran liest jeder sein schriftlich fixiertes Produkt vor. Auswertung durch die Gruppe.

Modifikation

Die Erfahrungen, Empfindungen zeichnerisch darstellen lassen.
Gibt es unter den Teilnehmern Personen, die ein Instrument spielen: dann bereits vorab besprechen, daß derjenige life spielen soll, um somit seine Gedanken, Gefühle, Stimmungen auszudrücken.

Notizen

Selbstporträt

Kreativität • Selbstwahrnehmung • Sinneswahrnehmung

Material
DIN A 2-Blätter, Eddings (verschiedene Farben), Ölkreiden, Wasserfarben, Pinsel, Wassertöpfe, Bleistifte, Radiergummi, Anspitzer

Durchführung
Jeder Gruppenteilnehmer fertigt mit den Materialien seiner Wahl ein Selbstporträt an.

Reflexion
- Wie habe ich mich dargestellt?
- Bin ich zu groß? Bin ich zu klein?
- Wirke ich auf diesem Bild aktiv/passiv?
- Stehe, sitze oder liege ich?
- Was sagt meine Körperhaltung aus?
- Was drücken meine Augen aus?
- Ist mein Blick offen?
- Sehe ich den Betrachter an?
- Wird in meinem Selbstbild meine innere Einstellung deutlich?
- Sehe ich mich positiv/negativ?
- Bin ich mit meinem Habitus zufrieden?

Modifikation
Das Selbstporträt als Collage anfertigen lassen.

Notizen

Begegnung am Arbeitsplatz

Selbst-Fremdwahrnehmung • Sinneswahrnehmung • Kommunikation

Material
DIN A 4-Blätter, Schreibunterlagen, Kugelschreiber, Knautschsäcke

Durchführung
Jeder Gruppenteilnehmer soll die Kolleginnen und Kollegen mit Namen und ihren charakteristischen Eigenschaften in Stichpunkten schriftlich erfassen, mit denen er unmittelbar zusammenarbeitet.

Oben auf das Blatt schreibt jeder seinen Namen und den Namen der Institution, in der er arbeitet. Die Teilnehmer geben ihre Zettel ab, nehmen sich einen Knautschsack, suchen sich einen Platz im Raum und legen sich möglichst entspannt hin.

Der Seminarleiter nimmt die beschriebenen Blätter zur Hand und beginnt, eine Phantasiegeschichte zu erzählen. Dabei machen die Teilnehmer eine Exkursion von einer Organisation zur anderen. Die Gruppe wie auch jeder Teilnehmer lernen dabei die Kolleginnen und Kollegen der anderen kennen.

Reflexion
Auswertung und Rückmeldung durch die Gruppe.

Modifikation
Der Seminarleiter beschreibt nicht nur die aufgeführten negativen Eigenschaften, sondern fügt bei diesen Personen positive Attribute hinzu.

Notizen

Twenty Years Later

Sensibilität • Wahrnehmung • Kommunikation • Phantasie

Material
Knautschsäcke

Durchführung
Der Raum wird leicht abgedunkelt. Die Gruppenteilnehmer sollen möglichst entspannt auf ihren Knautschsäcken liegen. Der Seminarleiter erzählt eine Phantasiegeschichte, wobei jeder Teilnehmer bereits 20 Jahre älter ist. Dabei beschreibt er eine völlig technisierte Welt, in der andere Kommunikationsregeln herrschen. Er hat die Möglichkeit, anstrengende Interventionen, die Streßcharakter aufweisen, zu beschreiben. Anschließend sollte er aber mit einer Entspannungsphase enden.

Reflexion
- Wie hast du dich in dieser Zeitepoche gefühlt?
- War es für dich schwierig, plötzlich 20 Jahre älter zu sein?
- Hast du Angst vor der Zukunft und vor einer technisierten Welt?
- Bist du mit der jetzigen Zeitepoche zufrieden?

Modifikation
Die Teilnehmer werden 20 Jahre jünger und leben in einer völlig technisierten Welt; wie wird dann die Zukunft aussehen?

Notizen

Mülltonne

Sensitivität • Wahrnehmung • Kommunikation

Material
Knautschsäcke, Kassettenrecorder/CD-Player, entspannende Musik

Durchführung
Die Gruppenteilnehmer liegen auf ihren Knautschsäcken und versuchen sich zu entspannen, während die Musik spielt. Der Seminarleiter erinnert in Abständen von 5 Minuten daran, daß die Teilnehmer in sich hineinhören sollen. Sie sollen feststellen, wo sie körperliches oder seelisches Unbehagen verspüren. Das können Verspannungen, Schmerzen, Leiden ... sein. Nach 20 Minuten sollen sie in ihre „Mülltonne" schauen, ob die angedachten Inhalte bereits in ihrer Tonne liegen. Dabei sehen sie sofort, welcher Unrat sich bereits darin befindet und wie voll ihre Tonne ist. Die Teilnehmer haben 15 Minuten Zeit, um ihre Mülltonne umzukippen oder darin herumzustochern.

Reflexion
- Wer möchte seinen Müll recyceln?
- Hast du deine Mülltonne geleert?
- Welcher Unrat hat sich bei dir angesammelt?
- Was willst du sortieren?
- Was möchtest du anders entsorgen?
- Aufarbeitung spezieller Probleme durch die Gruppe.

Modifikation
Einsatz verschiedener Mülltonnen, so daß bereits der Müll gesondert wird.
Welcher Müll ist für dich die größte Belastung?

Notizen

Kosten-Nutzen-Rechnung

Sensibilität • Selbstwahrnehmung • Kommunikation

Material

Knautschsäcke, DIN A 1-Blätter, Eddings (verschiedene Farben)

Durchführung

Die Gruppenteilnehmer sitzen auf ihren Knautschsäcken im Plenum zusammen. Der Seminarleiter oder ein Gruppenmitglied listet auf den an der Wand befestigten Blättern Fragen auf.

Es werden Fragen im Plenum gemeinsam erarbeitet, die einen lebenspraktischen Bezug aufweisen und in einer Kosten-Nutzen-Relation stehen. Beispiele für Fragen, die diskutiert werden sollen:

- Während der Fußballweltmeisterschaft gibt es Übertragungsprobleme beim Fernsehsender, so daß 20 Minuten kein Bild erscheint und der Originalton fehlt.
  Schaltest du das Radio ein, um den Spielverlauf verfolgen zu können?
  Fährst du zu deinem Freund, in der Hoffnung, daß er Bild und Ton hat? Dabei hast du eine Autofahrt von 20 Minuten auf dich zu nehmen.
  Rufst du beim Fernsehsender, z.B. in Köln oder Mainz an?

- In deinem Büro bist du von zwei Nichtrauchern umgeben. Du bist der einzige, der raucht.
  Versuchst du, deinen Zigarettenkonsum zu reduzieren?
  Rauchst du nur außerhalb des Büros?
  Kaufst du einen Ventilator, um den Rauch somit schneller aus dem Raum zu vertreiben?

- Der Orthopäde diagnostiziert bei dir einen Bandscheibenschaden aufgrund Bewegungsmangels und deiner sitzenden Tätigkeit.
  Wirst du nach der verordneten Krankengymnastik die erlernten Übungen zu Hause fortsetzen?
  Wirst du während der Arbeitszeit gymnastische Übungen fest einplanen?
  Wirst du in deiner Mittagspause Entspannungsübungen durchführen?

Reflexion

Im Plenum werden die gesammelten Fragen anhand gesetzter Prioritäten diskutiert. Dabei werden alternative Überlegungen angestellt und gleichzeitig auch auf Praxistauglichkeit geprüft. Wie geht es dem einzelnen in der Konfrontation alternativer, kreativer und innovativer Lösungen?

Modifikation

Inhaltliche Reduzierung auf das Arbeitsleben im Kollegium.

Notizen

Begegnungen

Kommunikation • Verständnis • Toleranz • Akzeptanz • Sensibilität • Rollenspiel • Improvisationsspiel

Material
Mappe mit verschiedenen Fotos, die multikulturelle Situationen aufweisen.

Durchführung
Es sollen spontan Fünfergruppen gebildet werden. Jede Subgruppe sucht sich ein Foto aus. In Form eines Rollenspiels soll jede Gruppe die soziale Situation des Bildes spielen und fortsetzen. Zum Beispiel Einkauf von Menschen verschiedener Nationalitäten auf einem türkischen Basar.

Reflexion
Jede Subgruppe stellt sein Rollenspiel im Plenum vor. Die anderen Teilnehmer sollen raten, um welche sozialen Sequenzen und um welche Nationalitäten es sich handelt. Im Anschluß daran Reflexion in der Gruppe.

- Konntest du dich mit deiner Rolle identifizieren?
- Konntest du dich mit der gespielten Nationalität identifizieren?
- Welche Probleme gab es in der Kommunikation und Interaktion?
- Hättest du lieber eine andere Rolle gespielt? Warum? Welche?

Modifikation
Reduzierung der Teilnehmer in den Subgruppen.
Reduzierung der Nationalitäten, z.B. türkisch und deutsch, deutsch und algerisch ...

Notizen

Beschwerden verbalisieren

Kommunikation • Selbstwahrnehmung • Anspannung

Material
Knautschsäcke

Durchführung
Die Gruppenteilnehmer sitzen oder liegen auf ihren Knautschsäcken. Jeder Teilnehmer kann zunächst spontan über seine Beschwerden sprechen.

Im zweiten Schritt soll jeder erklären bzw. beschreiben, wann er z.B. Kopfschmerzen hat: „Nach Teamsitzungen habe ich immer Kopfschmerzen und bin hundemüde."

Im nächsten Schritt wird nach anderen Situationen gesucht, wo u.U. auch Kopfschmerzen auftreten.

Reflexion
- Wann, warum und weshalb habe ich in diesen Situationen Kopfschmerzen? (Z.B.: „Ich habe immer Kopfschmerzen, wenn ich mich selbst überfordere, weil ... [ich ein vorbildlicher Kollege sein will].")
- Wie ist für dich der Idealzustand?

Auswertung durch die Gruppe.

Modifikation
Die Teilnehmer fertigen zwei Zeichnungen an:
a) Überforderungssituationen/Streßsituationen
b) Idealsituation

Notizen

Selbstbehauptung

Kommunikation • Sensibilität • Selbstwahrnehmung • Fremdwahrnehmung

Material

Arbeitstische, DIN A 4-Blätter, Filzstifte, Kugelschreiber, Flipchart mit 4 aufgelisteten Fragen

Durchführung

Die Gruppenteilnehmer sollen zum Thema „Selbstbehauptung“ folgende Fragen beantworten. Jeder Teilnehmer soll in Einzelarbeit dazu Stellung nehmen:

1. Welche Möglichkeiten habe ich, um meine Selbstsicherheit zu vergrößern?
2. Welche Aktivitäten unterlasse ich, die meine Selbstsicherheit vergrößern würden?
3. Welche Aktivitäten sollte ich reduzieren oder unterlassen, um den Blick für die eigene Selbstwahrnehmung frei zu halten?
4. Welche Ziele muß ich setzen, um mein Selbst weiterzuentwickeln?

Reflexion

Die einzelnen Ergebnisse werden im Plenum vorgestellt und diskutiert. Wer möchte kaum sich selbst in den Mittelpunkt stellen. Die Gruppe – wenn vorhanden auch der Therapeut – arbeitet mit diesem Teilnehmer an seinem Selbst.

Modifikation

Ähnliche Fragen zum „Selbst“ entwickeln. Jeder Teilnehmer kann vier Fragen zum Thema „Selbstbehauptung“ entwickeln, die seinem persönlichem Profil entsprechen.

Vergraben einer Form • Gestalt

Kommunikation • Sensibilität • Kreativität

Material
Knautschsäcke

Durchführung
Die Gruppenteilnehmer nehmen sich einen Knautschsack und suchen sich einen Platz im Raum. Jeder Teilnehmer soll sich so bequem wie möglich hinlegen und dabei entspannen. Der Seminarleiter erzählt eine Phantasiegeschichte, so daß die Teilnehmer zu ihrem speziellen Problem eine Gestalt bzw. eine Form bilden, die an einem imaginären Strand vergraben wird.

Reflexion
- Ist es dir gelungen, dein spezielles Problem in eine Form bzw. Gestalt zu bringen und diese zu vergraben?
- Hast du tief gegraben? Warum?
- Hast du mehrere Probleme vergraben?
- Sind sie unterschiedlich tief vergraben?
- Möchtest du über ein spezielles oder mehrere Probleme reden? Setze dafür Prioritäten.

Modifikation
Vorgabe eines Problems aus dem Arbeitsprozeß.

Notizen

Die Rede am eigenen Grab

Sensitivität • Sensibilität

Material

DIN A 4-Blätter, Bleistifte, Radiergummi, Kugelschreiber

Durchführung

Stellt euch vor, ihr müßtet morgen sterben. Wer sollte eure Rede am Grab halten? Was würdert ihr gern hören?
Jeder Gruppenteilnehmer nimmt sich Blatt und Stift, sucht sich einen ruhigen Platz und schließt die Augen für 15 Minuten.
Jeder soll für sich die beiden Fragen beantworten, bevor er schriftlich dazu Stellung nimmt. Fixiert eure eigene Grabrede.

Reflexion

- Wie habe ich mich gefühlt, als ich über meinen eigenen Tod nachdenken sollte?
- Welche Ängste und Befürchtungen überkamen mich?
- Wer hat die Grabrede gehalten?
- Mit wem sprichst du über den Tod?
- Mit wem sprichst du über deinen eigenen Tod?
- Wie fühlst du dich jetzt?
- Bei Bedarf das Thema Tod diskutieren.

Modifikation

Andere brisante Themen einsetzen.

Notizen

Post

Sensitivität

Material
farbige Briefkuverts, schwarze Filzstifte

Durchführung
Jeder schreibt sich selbst einen Brief und adressiert ihn an seine eigene Anschrift. Teilt euch etwas Gutes mit. Etwas, was ihr im Alltag als Lernerfahrung ansetzen wollt, oder wen ihr anrufen wollt, um euch nach seinem Wohlergehen zu erkundigen. Wer fertig ist, klebt sein Kuvert zu.

Hinweis
Sinnvoll ist es, wenn diese Übung gegen Ende des Seminars eingesetzt wird. Nach 6 Wochen sollen die Briefumschläge vom Seminar-/Gruppenleiter oder Gruppenmitglied frankiert und abgeschickt werden.

Reflexion
- Wie hast du dich dabei gefühlt, als du dir selbst schreiben solltest?
- Hast du dir etwas Positives geschrieben?

Modifikation
Als Zwischenschritt einsetzen und die Briefe nach 3 Wochen abschicken; in 3 Wochen Auswertung der Briefe in der Gruppe.

Notizen

Abschlußübung

Feedback • Transfer

Material
DIN A 3 und DIN A 2-Blöcke, farbige Filzstifte, Wachsmalkreiden

Durchführung
Bei dieser Abschlußübung soll jedes Gruppenmitglied ein oder zwei Kernaussagen formulieren, welche ihm die wichtigste Erfahrung innerhalb der Gruppensitzungen war.
Es sollen solche Erfahrungen sein, die bereits zu einem Transfer (oder zumindest teilweise) im Alltag geführt haben.

Reflexion
- Wie war die Lernerfahrung in der Gruppe?
- Wie, wo und wodurch hat sich der Transfer beim einzelnen Gruppenmitglied vollzogen?
- Was muß ich als einzelner weiterhin tun, um meine Ängste, Unsicherheiten und Widerstände zu überwinden?
- Wie kann ich den positiven Transfer erweitern?
- Welche Felder suche ich mir gezielt aus?
- Was muß ich weiterhin investieren?
- Allgemeine Diskussion über „Kosten-Nutzen ..." bzw. Überwindung innerer und äußerer Widerstände.

Modifikation
Allgemeines Sammeln von Aussagen an der Tafel und gemeinsames Arbeiten.

Notizen

Abschlußübung

Empathie

Material
farbige DIN A 4-Blätter, Kuverts, Stifte, Schreibunterlagen, Knautschsäcke

Durchführung
Heute haben wir unsere letzte Sitzung, d.h. wir nehmen Abschied. Dem einen oder anderen von uns wird es schwer fallen, wenn wir uns verabschieden müssen. Jeder Teilnehmer, der einem anderen etwas Persönliches und Wichtiges mitteilen möchte, hat Gelegenheit, ihm einen Brief zu schreiben. Dieser Brief sollte max. 10 Sätze enthalten. Jeder Teilnehmer nimmt einen Knautschsack und sucht sich einen ruhigen Ort. Er sollte ca. 5 Minuten die Augen schließen, bevor er den Brief schreibt. Verseht euren Brief mit Datum und Unterschrift.

Reflexion
Die Gruppe trifft sich im Plenum. Einer beginnt und liest seinen Brief dem Empfänger laut vor. Der Empfänger bedankt sich für den Brief und bekommt ihn durch den Schreiber überreicht. Die Gruppe gibt ihr Feedback, z.B.:

- Welche Aussage war für diese Person besonders kennzeichnend?
- Welche Aussage ist ermutigend, sympathisch, freundlich ...? Gibt es einen Trennungsschmerz?
- Was hilft ihm, darüber hinwegzukommen?
- Wer hat keinen/mehrere Brief erhalten? Warum?

Modifikation
Die Gruppe sitzt im Plenum zusammen, und jeder verbalisiert seine Empfindungen an ein Gegenüber.

Brillenträger

Selbst- und Fremdwahrnehmung • Emotionale Befindlichkeit

Material
Flipchart, Eddings (verschiedene Farben), Sonnenbrillen (verschiedene Farben und Muster)

Durchführung
Es werden genau so viele Brillen wie Teilnehmer benötigt. Die farbigen Sonnenbrillen werden auf einen Tisch gelegt. Der Gruppenleiter gibt eine kurze thematische Einführung in das Thema: „Durch welche Brille betrachten wir im Hier und Jetzt das Leben?“ Der Gruppenleiter fixiert am Flipchart folgende Kategorien in Verbindung mit der entsprechenden Sonnenbrille:

rot	=	Rechthaberbrille
grün	=	Vertrauensbrille
blau	=	Mißtrauensbrille
rosa	=	Ich mache alles richtig-Brille
braun	=	Ich mache alles falsch-Brille
schwarz	=	Despressionsbrille
blau/grün mit Punkten	=	Schwächebrille
rot/lila/grün mit Streifen	=	Ich bin nicht beliebt-Brille
gelb	=	Freundebrille

Jeder Teilnehmer sucht sich die Brille aus, die im Augenblick zu ihm paßt. Er setzt sie auf und macht es sich im Plenum bequem.

Reflexion
- Warum hast du gerade diese Brille gewählt?
- Selbstbeschreibung der Teilnehmer.
- Schwächen und Stärken hervorheben.
- Welche Brille würdest du lieber tragen?
- Welche Brille würdest du überhaupt nicht tragen können?

Modifikation
Wesentlich mehr Brillen als Teilnehmer.
Bildung von Subgruppen.

Selbsteinschätzungsfragebogen

Selbstwahrnehmung

Material
kopierte Bögen verteilen, Schreibunterlagen, Stifte

Durchführung
Jeder Gruppenteilnehmer sucht sich einen ruhigen Ort, wo er seine Bögen ausfüllt.

Reflexion
Alle Teilnehmer sitzen im Kreis. Eine Person beginnt und stellt Punkt für Punkt ihren Fragebogen vor. Die betreffende Person darf ergänzen und kommentieren. Die Gruppe gibt anschließend ein Feedback.

Modifikation
Den Fragenkatalog gezielt auf die Gruppenteilnehmer ausrichten.

Selbsteinschätzungsbogen

1. Eigene Fähigkeit und Fertigkeit, sich auszudrücken:

a) verbal . . . .

b) nonverbal . . . .

2. Fertigkeiten des Zuhörens:

. . . .

3. Habe ich mich (gelegentlich) zu stark profiliert?

. . . .

4. Welche Gründe waren dafür ausschlaggebend?

....

5. Habe ich mich (gelegentlich) zurückgehalten?

....

6. Welche Gründe waren dafür ausschlaggebend?

....

7. Wie war der Gehalt der Kommunikation?

a) intellektuell ....
b) emotional ....

8. War mein Verhalten in der Gruppe überwiegend

a) kreativ ....
b) konstruktiv ....
c) destruktiv ....

9. Fühlte ich mich in bestimmten Situationen

a) blockiert ....
b) bewertet ....
c) passiv ....
d) nicht anerkannt ....
e) dominant ....

10. Wie empfand ich das soziale Gruppenklima?

....

11. Wie empfand ich unsere Zusammengehörigkeit?

. . . .

12. Was empfinde ich gerade jetzt?

. . . .

13. Welche Veränderungsperspektiven sehe ich für mich?

. . . .

14. Fand bisher ein Transfer im Alltag statt?

a) wann . . . .

b) wo. . . . .

c) wie . . . .

15. Eigene Kommentare:

. . . .

Auswertungsbogen

Abschlußübung

Material
kopierte Bögen, Schreibunterlagen, Stifte

Durchführung
Jeder Gruppenteilnehmer sucht sich einen Ort, wo er in Ruhe seine Bögen ausfüllen kann.

Reflexion
Im Plenum beginnt eine Person und nimmt zu den aufgeführten Fragen Stellung. Anschließend gibt die Gruppe ihre Rückmeldung.

Modifikation
Die Fragen auf relevante Seminarinhalte ausrichten.

Auswertungsbogen

1. Wie war der Gesamtverlauf des Seminars?

....

....

2. Entsprach der Seminarverlauf meinen Erwartungen?

....

....

3. Welche Gruppenprozesse haben mir persönlich etwas gebracht?

....

....

4. Welche konkreten Hilfen und Anregungen habe ich bekommen?

. . . .

. . . .

5. Welche persönlichen Erfahrungen waren für mich fördernd?

. . . .

. . . .

6. Welche persönlichen Erfahrungen waren für mich hinderlich/einengend?

. . . .

. . . .

7. Welche Übungen waren für mich besonders wichtig?

. . . .

. . . .

8. Welche Übungen haben mich nicht weitergebracht?

. . . .

. . . .

9. Welche Übungen würde ich nicht mehr machen wollen?

. . . .

. . . .

10. Welche persönlichen Veränderungen hat dieses Seminar für mich herbeigeführt?

. . . .

. . . .

11. Wie war der Transfer in den Alltag?

. . . .

. . . .

12. Sonstiges, was bemerkenswert wäre:

. . . .

. . . .

13. Kritik

a) formal . . . .

b) inhaltlich . . . .

c) atmosphärisch . . . .

Bewertungsfragebogen

Abschlußübung

Material
kopierte Bögen, Stifte, Ablagekorb

Durchführung
Jeder Teilnehmer sucht sich einen Platz, wo er in Ruhe seine Bögen ausfüllen kann. Dieser Zahlenfragebogen ist als Rückmeldung für den Seminarleiter gedacht und soll deshalb ohne Namen in den Ablagekorb gelegt werden.

Reflexion
Auswertung an der Tafel/Flipchart und gemeinsame Interpretation

Modifikation
Erweiterung und Differenzierung des Fragenkataloges.

Bewertungsfragebogen

(bitte bei jeder Frage nur eine Ziffer ankreuzen)

1. Wie schätzt du den Seminarverlauf ein?

   \+ 0123 – 4567

2. Gab es Gruppenprozesse, die für dich von persönlicher Bedeutung waren?

   \+ 0123 – 4567

3. Gab es für dich Möglichkeiten des Transfers?

   \+ 0123 – 4567

4. Wie war für dich das soziale Klima in der Gruppe?

   + 0123 – 4567

Aufschlüsselung:

+ Ziffern:	0 ganz hoch	– Ziffern:	4 mäßig
	1 hoch		5 noch mäßig
	2 noch hoch		6 schlecht
	3 mittelmäßig		7 ganz schlecht

Abschied

Emotionalität • Kommunikation • Wahrnehmung • Frust

Durchführung

Ein Mitglied scheidet aus!
Die Gruppenteilnehmer sitzen in einem Kreis. In der Mitte des Kreises steht ein freier Stuhl. Auf diesen Stuhl soll der Teilnehmer sitzen, der aus der Gruppe aussteigen muß oder will.

Reflexion

Der Betreffende erklärt, warum und weshalb er aussteigen muß oder möchte. Die anderen Teilnehmer geben ihm positive Rückmeldung, z.B. über sein bisheriges Verhalten, Charaktereigenschaften, Fähigkeiten ...

Sie teilen auch ihre Enttäuschung, Wut ... mit.

Modifikation

Sollte die betreffende Person nicht mehr zur Gruppe kommen, wird der Stuhl symbolisch in die Mitte des Kreises gestellt.

Notizen

Abschlußübung – Ein Brief für mich

Emotionalität • Rationalität

Material
Briefpapier (verschiedene Farben), Filzstifte, Kugelschreiber, Kuverts, Briefmarken

Durchführung
Jeder Teilnehmer schreibt sich selbst einen Brief. Der Inhalt des Briefes soll seine jetzige Situation zum Ausdruck bringen, d. h. unter anderem auch seine emotionalen Befindlichkeiten, seine rational gesteckten Ziele usw. Abschließend soll sich der Schreiber etwas Gutes wünschen.

Reflexion
- War es für dich befremdend, dir selbst einen Brief zu schreiben?
- Wie hast du dich dabei gefühlt?
- Konntest du deine Empfindungen ausdrücken?
- Hast du schon einmal einen ähnlichen Brief geschrieben?
- Wem schreibst du sonst?

Modifikation
Diese Übung läßt sich auch in der Kennenlernphase einsetzen, so daß am Ende des Seminars jeder (der will) seinen Brief im Plenum vorlesen kann.

Notizen

Sauer macht lustig

Taktile Wahrnehmung • Bewußtes Wahrnehmen

Material

Zitronen (für jeden Gruppenteilnehmer muß eine vorhanden sein), Knautschsäcke, großer Korb, Eddings

Durchführung

Die Gruppenteilnehmer sitzen oder liegen auf ihren Knautschsäcken im Kreis. Der Seminarleiter stellt einen Korb mit Zitronen in die Runde und erklärt, daß keine Zitrone einer anderen gleicht. Jeder Teilnehmer sucht sich eine Zitrone aus und versieht sie mit einem Zeichen/Symbol. Er soll seine Zitrone in 2 Arbeitsschritten kennenlernen. Zunächst hat jeder die Möglichkeit, seine Zitrone 5 Minuten lang zu betrachten. Die nächsten 5 Minuten werden für die taktile Wahrnehmung angesetzt. Mit dem rechten Nachbarn werden beide Zitronen besprochen und befühlt. Die Zitronen werden dann in die Mitte des Raumes gelegt und gemischt. Im Anschluß daran sollen die Teilnehmer mit geschlossenen Augen ihre eigene Zitrone ertasten. Wer glaubt, seine Zitrone identifiziert zu haben, darf die Augen öffnen, und dem Schauspiel schmunzelnd folgen.

Reflexion

- Mögt ihr Zitronen?
- Wer mag keine Zitronen? Warum?
- Wem ist es gelungen, seine eigene Zitrone zu finden?
- Wie war dabei die Kommunikation untereinander?
- Konntet ihr dabei die Augen geschlossen halten?

Modifikation

Auf den Zwischenschritt mit dem Nachbarn verzichten.

Notizen

Wer bin ich?

Selbstwahrnehmung • Fremdwahrnehmung

Material
Fragebögen, Bleistifte, Radiergummi, Kugelschreiber

Durchführung
Die Gruppenteilnehmer sitzen an Tischen und bearbeiten ihre Fragebögen.

Reflexion
- Hattest du Probleme, dich selbst einzuschätzen?
- Gibt es noch Eigenschaften, die du noch gerne aufgeführt hättest?
- Waren dir 15 Eigenschaftswörter zu viel?
- Rückmeldung durch die Gruppe?

Modifikation
Die Fragebögen zu zweit im Interviewstil ausfüllen lassen; dabei eine Zeitbegrenzung vorgeben, damit der Befragte spontan seine Eigenschaften aufzählen muß.

Notizen

Fragebogen

A. Schreibe in die folgende Tabelle 15 Eigenschaftswörter, die deinen Karriereverlauf am besten beschreiben:

1. ....
2. ....
3. ....
4. ....
5. ....
6. ....
7. ....
8. ....
9. ....
10. ....
11. ....
12. ....
13. ....
14. ....
15. ....

B. Schreibe in die folgende Tabelle 15 Eigenschaftswörter, die deine persönliche Beziehung zu deinem Elternteil/sonstige Person am besten beschreiben:

1. ....
2. ....
3. ....
4. ....
5. ....
6. ....
7. ....
8. ....
8. ....
10. ....
11. ....
12. ....
13. ....
14. ....
15. ....

C. Schreibe in die folgende Tabelle 15 Eigenschaftswörter, die deine persönliche Beziehung zu deinen Kollegen am besten beschreiben:

1. ....
2. ....
3. ....
4. ....
5. ....
6. ....
7. ....
8. ....
9. ....
10. ....
11. ....
12. ....
13. ....
14. ....
15. ....

D. Schreibe in die folgende Tabelle 15 Eigenschaftswörter, die deine eigenen Ressourcen am besten beschreiben:

1. ....
2. ....
3. ....
4. ....
5. ....
6. ....
7. ....
8. ....
8. ....
10. ....
11. ....
12. ....
13. ....
14. ....
15. ....

E. Schreibe in die folgende Tabelle 15 Eigenschaftswörter, die dein soziales/politisches Engagement am besten beschreiben:

1. ....
2. ....
3. ....
4. ....
5. ....
6. ....
7. ....
8. ....
9. ....
10. ....
11. ....
12. ....
13. ....
14. ....
15. ....

F. Schreibe in die folgende Tabelle 15 Eigenschaftswörter, die deine sportlichen Leistungen am besten beschreiben:

1. ....
2. ....
3. ....
4. ....
5. ....
6. ....
7. ....
8. ....
8. ....
10. ....
11. ....
12. ....
13. ....
14. ....
15. ....

Lebenswelt-Kontext

Selbstwahrnehmung

Material
Fragenkatalog, Bleistifte, Radiergummi, Filzstifte (schwarz und farbig), Lineale

Durchführung
Die Gruppenteilnehmer setzen sich an die Tische und nehmen Stellung zu den vorgegebenen Fragen (s. folgende Seiten)

Reflexion
Die Gruppe trifft sich im Plenum. Ein Teilnehmer beginnt. Er erklärt und beschreibt jedes seiner Schaubilder.
Rückmeldung durch die Gruppe, inwieweit sich Selbst- und Fremdwahrnehmung decken.

Modifikation
Das Bearbeiten des Fragenkataloges ist auch in Dreiergruppen möglich; dabei wird die eigene Durchführung verbalisiert.
Der Fragenkatalog ist beliebig und nach Bedarf zu erweitern.

Notizen

Fragebogen

1. Zeichne ein Schaubild mit einer Linie, die anhand einer Kurve deine Entwicklung innerhalb deiner Einrichtung/Unternehmen deutlich macht, wie deine frühere, jetzige und zukünftige Karriere verläuft.

   Markiere die Stelle mit einem X, die deinem gegenwärtigen Zeitpunkt entspricht. (Bei Bedarf verwende verschiedene Farben.)

2. Beschreibe kurz den Verlauf deiner gezeichneten Karrierelinie:

....

....

3. Zeichne ein Schaubild mit einer Linie, die anhand einer Kurve deine Entwicklung innerhalb deiner Familie/Partnerschaft deutlich macht, wie deine frühere, jetzige Beziehung verläuft. Markiere die Stelle mit einem X, die deinem gegenwärtigen Zeitpunkt entspricht.

   (Bei Bedarf verwende verschiedene Farben. Wenn erforderlich verwende bei unterschiedlichen Familienmitgliedern folgende Kürzel: E = Eltern, V = Vater, M = Mutter, P = Partner, K = Kinder.)

4. Beschreibe kurz den Verlauf deiner gezeichneten Beziehungslinie:

....

....

5. Zeichne ein Schaubild mit einer Linie, die anhand einer Kurve deine Entwicklung innerhalb eines Kollegenkreises/Freundeskreises deutlich macht, wie deine frühere, jetzige und zukünftige Beziehung verläuft. Markiere die Stelle mit einem X, die deinem gegenwärtigen Zeitpunkt entspricht. (Bei Bedarf verwende verschiedene Farben. Kürze die Namen der Kollegen/ Freunde ab.)

6. Beschreibe kurz den Verlauf deiner gezeichneten Linie:

. . . .

. . . .

7. Zeichne ein Schaubild mit einer Linie, die anhand einer Kurve deine frühere, jetzige und zukünftige Ausnutzung deiner persönlichen Ressourcen zeigt. Markiere die Stelle mit einem X, die deinem gegenwärtigen Zeitpunkt entspricht. (Bei Bedarf verwende verschiedene Farben.)

8. Beschreibe kurz den Verlauf deiner gezeichneten Linie:

. . . .

. . . .

Literaturverzeichnis

ANTONS, K.: Praxis der Gruppendynamik. Übungen und Techniken. 4. Aufl., Göttingen 1976

BROCKHAUS: Enzyklopädie. Bd. 9, Mannheim 1989

BUBER, M.: Über das Erzieherische. Werke, Bd. 1, Schriften zur Philosophie. München 1962

CARTWRIGHT, T., ZANDER, A.: Groupdynamics. In: *Douglas, T.:* Wie man mit Gruppen arbeitet. Eine Einführung. Freiburg 1979

DÄUMLING, A.M. et al.: Angewandte Gruppendynamik. Selbsterfahrung – Forschungsergebnisse – Trainingsmodelle. Stuttgart 1974

DIESSNER, H.: Zur Neukonzeption ganzheitlicher Hilfen in der Erziehungsberatung. Essen 1994

DOUGLAS, T.: Wie man mit Gruppen arbeitet. Eine Einführung. Freiburg 1979

KLOSINSKI, G.: in: *Leutz, G., Oberborbeck, K.W.* (Hg.): Psychodrama. 2. Aufl., Göttingen 1981

KREFT, W., SCHWARZ, N.: Ein transferorientiertes Kommunikationstraining, kombiniert mit einem Planspiel. In: *Zeitschrift für Gruppenpädagogik,* Heft 2/1980, S. 122-133

KÜCHLER, J.: Gruppendynamische Verfahren in der Aus- und Weiterbildung: Grundlagen, Materialien, Einsatzmöglichkeiten. München 1979

LUFT, J.: Einführung in die Gruppendynamik. Stuttgart 1977

MALCHER, J.: Gruppen nicht ohne Dynamik. München 1980

MEYER, E. (Hg.): Handbuch Gruppenpädagogik – Gruppendynamik. Heidelberg 1977

PFEIFFER, J.W., JONES, J.E.: Arbeitsmaterial zur Gruppendynamik. Band III. Gelnhausen 1977

RITTELMEYER, C., WARTENBERG, G.: Verständigung und Interaktion: Zur politischen Diskussion der Gruppendynamik. München 1975

VOPEL, K.W.: Kommunikationsregeln in Gruppen: Mappe mit 12 Blättern. Hamburg 1980

WATZLAWICK, P., BEAVIN, J.H., JACKSON, D.D.: Menschliche Kommunikation. Formen, Störungen, Paradoxien. 5. Aufl., Bern 1980

ZÖCHBAUER, F., HOEKSTRA, H. (Hg.): Kommunikationstraining. Ein Erfahrungsbericht. Darmstadt 1974

Weiterführende Literatur

BROCHER, T.: Gruppendynamik und Erwachsenenbildung. Braunschweig 1967

BROICH, J.: Rollenspiele mit Erwachsenen. 2. Aufl., Reinbek 1981

BRUNNER, R. & KREINER, S. (Hg.): Nonverbale Kommunikation – Psychodynamische Übungen. Bericht über eine spielpädagogische Arbeit beim Theaterseminar Oppenau 1973. Karlsruhe 1977

BUCHINGER, K.: Gruppendynamik, Gruppenpädagogik und Gruppentherapie. In: *Meyer, E.* (Hg.): 1977, S. 215-233

BÜTTNER, Ch.: Spielpädagogik in der Fachhochschule. Reflexionen über spielpädagogische Lehrveranstaltungen im Kontext der Friedensforschung. In: *Neue Praxis,* Heft 4 1979, S. 384-398

DIEPOLD, P.: „Instrumentale Gruppendynamik" in der Tutorenausbildung. In: *Diepold, P., Ritter, J.* (Hg.): 1975, S. 37-56

DIEPOLD, P., RITTER, J. (Hg.): Gruppenarbeit und Tutorenausbildung. Hamburg 1975

FRITZ, J.: Methoden des sozialen Lernens. München 1977

GOFFMAN, E.: Interaktionsrituale. Frankfurt a.M. 1975
GOHLA, G.: Theorie und Praxis der Gruppenarbeit. Heidelberg 1977
GRABNER-HAIDER, A.: Zeit zu leben – Zeit zu lieben. Wien 1980
GUTTE, R.: Gruppenarbeit. Theorie und Praxis des sozialen Lernens. Frankfurt a.M. 1976
HÖRMANN, G.: Encountergruppen. In: *Meyer, E.* (Hg.): 1977, S. 14-15
HUBER, J.: Gruppendynamik und Hochschuldidaktik. In: *Buchinger, K.* et al.: 1975, S. 206-225
HUBER, J. (Hg.): Gruppendynamik und Gruppenpädagogik. Wien 1976
KELBER, M.: Gesprächsführung. Informieren – Diskutieren – Beschließen. 12. überarb. u. erw. Aufl., Opladen 1977
KELBER, M.: Meine Gruppe. Kleine Gruppenpädagogik, insbesondere für junge Gruppenleiter. Wiesbaden 1977
KEUTZ v., P.: Einführung in die Gruppendynamik für Mediziner und Psychologen. In: *Vopel, K.W.* (Hg.): 1972, S. 53-59
KRENZ, A.: Interaktions-Experimente. Wehrheim 1978
KÜCHLER, J., WITTROCK, M.: Erfahrungen mit einem Modell studentischer Kleingruppenarbeit in der Eingangsphase des Lehramtsstudiums. In: *Gruppendynamik im Bildungsbereich*, 2 /1977, S. 76-79
KÜCHLER, J., WITTROCK, M.: Studentische Gruppenarbeit – Tutorien im erziehungswissenschaftlichen Studium. In: *Knapp, A.* (Hg.): Evaluation von Gruppenarbeit. Wiesbaden 1978, S. 48-65
OBERBORBECK, K.W.: Über den diagnostischen Wert von Rollenspiel- und Psychodramaelementen im Sinne der „Grenzsituation" nach Argelander bei der analytischen Anamneseerhebung. In: *Praxis der Kinderpsychologie und Kinderpsychiatrie*, Heft 8/1979, S. 284-293
PFEIFFER, J.W., JONES, J.E.: Arbeitsmaterial zur Gruppendynamik. Registerband. Gelnhausen 1979
PFEIFFER, J.W., JONES, J.E.: Arbeitsmaterial zur Gruppendynamik. Band II. Gelnhausen 1976
PFEIFFER, J.W., JONES, J.E.: Arbeitsmaterial zur Gruppendynamik. Band IV. Gelnhausen 1978
PFEIFFER, J.W., JONES, J.E.: Arbeitsmaterial zur Gruppendynamik. Band V. Gelnhausen 1978
PFEIFFER, J.W., JONES, J.E.: Arbeitsmaterial zur Gruppendynamik. Band VI. Gelnhausen 1979
PRAHM, R.: Interaktionsspiele, Rollenspiele. Impulse der 5. Bremer Schulspielwoche „März 1977". In: *Bremer Lehrerzeitung*, Heft 5/1977, S. 146-147
RITTER, H.M.: Darstellendes Spiel, Interaktionspädagogik. (Theater als Lernform) Berlin 1979
ROGERS, C.R.: Lernen in Freiheit. Zur Bildungsreform in Schule und Universität. München 1974a
ROGERS, C.R.: Encountergruppen. Das Erlebnis der menschlichen Begegnung. 3. Aufl., München 1974b
SADER, M.: Psychologische Anmerkungen zur Theorie der Gruppendynamik. In: *Gruppendynamik*, 1/1972, S. 111-122
SADER, M.: Psychologie in der Gruppe. München 1976
SADER, M. et al.: Ein Grundkonzept für ein Interaktionstraining. In: *Sader, M.* et al. (Hg.): 1976, S. 1-58
SBANDI, P.: Gruppenpsychologie. Einführung in die Wirklichkeit der Gruppendynamik aus sozialpsychologischer Sicht. 2. Aufl., München 1975

SCHWÄBISCH, L., SIEMS, M.: Anleitung zum sozialen Lernen für Paare, Gruppen und Erzieher. Kommunikations- und Verhaltenstraining. 10. Aufl., Reinbek 1980

SCHWEITZER, H.: Malen, Tanzen, Kulturarbeit als Methodenlieferant. In: *päd. Extra Sozialarbeit*, Heft 8/1979, S. 32-34

SEIDERER-HARTIG, M.: Beziehung und Interaktion in der Verhaltenstherapie. Theorie – Praxis – Fallbeispiele. München 1980

SEMMER, N., PFÄFFLIN. M.: Interaktionstraining. Ein handlungstheoretischer Ansatz zum Training sozialer Fertigkeiten. 2. Aufl., Weinheim 1979

VOPEL, K.W. (Hg.): Gruppendynamische Experimente im Hochschulbereich. Hamburg 1972

VOPEL, K.W., KIRSTEN, R.F.: Kommunikation und Kooperation. 3. Aufl., München 1977

VOPEL, K.W.: Handbuch für Gruppenleiter. Zur Theorie und Praxis der Interaktionsspiele. In: Lebendiges Lernen und Lehren. Bd. 8. 3. Aufl., Hamburg 1980

WAGNER, B., CONRADI, W.: Entstehung und Bewältigung von Konflikten. Konfliktorientierte Organisationsentwicklung zur Humanisierung der Arbeit. Hannover 1979

WENDLANDT, W. (Hg.): Verhaltenstherapeutische Gruppenprogramme in der pädagogischen Praxis. Neue Ansätze. Düsseldorf 1979

ZILFREUND, U.: Eine Rolle wird aufgebaut. Gruppenprozesse in interaktionellen Spielen. In: *Zeitschrift für Gruppenpädagogik*, Heft 4/1980, S. 315-320

Quellennachweis der z.T. übernommenen und neu modifizierten Interaktionsspiele

HÖPER, C.-J., KUTZLEB, U., STOBBE, A., WEBER, B.: Die spielende Gruppe. 115 Vorschläge für soziales Lernen in Gruppen. 6. Aufl., Wuppertal 1977

LEIFELS, G., MÖLTER, U.: Konflikte spielend begreifen: Neue Spiele und Spielvorschläge. Offenbach 1984

PFEIFFER, J.W., JONES, J.E.: Arbeitsmaterial zur Gruppendynamik. Band II. Gelnhausen 1976

RÖSCHMANN, D.: Arbeitskatalog der Übungen und Spiele: Ein Verzeichnis von 400 Gruppenübungen und Rollenspielen. Bd. 2. Hamburg 1990

VOPEL, K.W.: Diagnose der Gruppensituation. Materialien für Gruppenleiter: Mappe mit 24 Blättern. Hamburg 1979

VOPEL. K.W.: Interaktionsspiele für Kinder, Teil 1. In: Lebendiges Lernen und Lehren. Bd. 10. 5. Aufl., Hamburg 1991

VOPEL, K.W.: Materialien für Gruppenleiter: Gestaltung der Schlußphase. Hamburg 1978

JUNFERMANN

Symmetrie als visuelle Form der Harmonie

64 S., kart.
DM 19,80
ISBN 3-87387-348-6

Nach dem Erfolg des ersten Mandala-Malbuches von Jonathan Quintin *(Like a Picture ... Mein Mandala-Malbuch)*, legt JUNFERMANN hiermit die Fortsetzung des ersten Buches vor.

So wie im ersten Buch enthält auch das neue 30 kreative Bildentwürfe, die den Betrachter bereits beim Blättern oftmals in 3D-Trance versetzen - als Fenster, die universelle Harmonie enthüllen.

Louise Hay hat die Arbeiten von Jonathan Quintin gefördert und ihn zu der Herausgabe der Bildwerke in Buchform motiviert. Sie schrieb dazu im Vorwort zu Quintins erstem Mandala-Malbuch: „Da es nicht viele Malbücher für Erwachsene gibt, können Sie sich vielleicht vorstellen, wie erfreut ich war, als ich hörte, daß mein lieber Freund Jonathan Quintin aus Neuseeland geometrische Kunstwerke kreiert. Anfangs hat Jonathan alle seine Zeichnungen mit der Hand fertiggestellt. Dann fand er ein Computerprogramm »für Künstler« und war fortan in der Lage, seine Entwürfe innerhalb weniger Minuten zu realisieren, statt wie zuvor in tagelanger Kleinarbeit. Von einigen dieser Bilder machte ich mir Kopien, und wir haben dann gemeinsam viele Stunden damit zugebracht, Jonathans wunderschöne Entwürfe, von denen einige äußerst kunstvoll sind, zu kolorieren ... “

JUNFERMANN VERLAG • Postfach 1840
33048 Paderborn • Telefon 0 52 51/3 40 34